［過去問］

2024
成蹊小学校
入試問題集

・問題内容についてはできる限り正確な調査分析をしていますが、入試を実際に受けたお子さんの記憶に基づいていますので、多少不明瞭な点はご了承ください。

Shinga-kai

成蹊小学校

過去10年間の入試問題分析
出題傾向とその対策

2023年傾向

１日目のペーパーテストは、例年通り男女とも長文の話の記憶が出題されました。もう１項目は男子、女子ともに構成が出題され、男子は形の組み合わせを理解して取り組む課題、女子は形を切り分けてできたものの元の組み合わせを考える課題でした。集団テストでは指示を正確に理解した上で行われる基本的な作業を通して、手先の巧緻性が見られました。また作業で作ったものを使って行動観察の課題が行われました。２日目は集団テストとして集団ゲームなどと、運動テストが実施されました。

傾　向

考査は２日間に分けて行われます。１日目は午前が男子、午後が女子の順で、願書受付順に当日の集合時間が指定されます。その時間によりＡ・Ｂの２グループに分けられ、近年はペーパーテストと集団テストが行われています。所要時間は１時間30分～２時間です。２日目は男女混合のグループに分けられ、近年は集団テストと運動テストが行われています。所要時間は１～２時間で、子どもの考査と並行して保護者のみの面接が行われます。ペーパーテストは男女で異なる問題が出され、話の記憶とほかの項目の組み合わせで行われます。話の記憶はかなりの長文が出題され、出てきたものやその数、登場人物の様子や情景、季節についてよく聞かれるため、細かい部分まで聞き取る必要があります。そのほかには推理・思考、構成や観察力がよく出されますが、決まりをきちんと把握して理解しなければ解けないものが多く、考える力が要求されます。初めて見るような問題も多く、最初に行う例題で解き方のポイントを理解する力が必要です。構成では辺の長さや角度、線のつながりなど細かいところまでしっかり見る力が求められます。なお、2018年度には男子で初めて数量が出題されましたが、問題の意味や条件を把握してあきらめずに考えることが大事という傾向に変わりはありません。集団テストでは、以前は約束事や手順をお友達と相談して決め、できあがった作品で遊んだり発表したりする課題が多くありましたが、2018年度以降はリズムを含む身体表現や集団ゲームなどが行われています。いずれにしろのびのびした子どもらしさや、ゲームを通して協調性や社会性を見ている点は従来通りです。そのほか、はしの扱いを見る生活習慣の課題が2018年度まで毎年出題されていましたが、2019年度は筆ペンでの運筆、2021、2022年度はひも通しを含む制作、2023年度は道具箱への片づけや線に沿って切る、折る作業など、それに代わる生活習慣や巧緻性も出題されています。運動テストは2018年度以降は体育館で実施され、ドリブルやボール投げ、自分の身長より高い鉄棒でのぶら下がりなど、持久力を見るような課題が多くなっています。また、課題を行う中では約束通りに体操座りをして待つなど、行儀や生活習慣も大切です。

対　策

話の記憶のお話は長文なのが特徴です。日ごろから情景をイメージしながら集中してお話を聞く習慣をつけ、登場人物や話の流れを把握できるようにしましょう。さらに、お話の場面から季節やその後の展開などを考えられる応用力を養っておきましょう。構成は、図形をとらえる力が大切です。手本の形を区切ったり、その形を作るのに必要なものといらないものとを区別したりできるようにしてください。また、形の向きや組み合わせを変えたときの様子もとらえられるように、カードを使って実際に試すなどして理解を深めましょう。女子には推理や構成で全般的に難易度の高い問題が出ていますので、類似問題などで段階を踏まえて習得し、取り組む力をつけていきましょう。男子は指示の理解がポイントです。2018年度は、話の理解の要素を含む数量の出題がありました。数の操作がスムーズにできること、また言われたことを具体的にイメージし理解する力が必要です。男女とも最初に練習問題を行う場合が多いので、先入観を持たず、指示を聞いて正しく理解しましょう。運動テストでは基礎的なもの、たとえばケンケンやケンパー、ボール運動（投げ、受け、投げ上げ、ドリブル）などができるようにしておいてください。スタートやゴールなどの指示がありますので、テスターのお手本をよく見て、やり方を把握できるようにしましょう。鉄棒のぶら下がりが出題された年もありますので、頑張ったらできるという手応えを感じさせながら持久力をつけましょう。近年は体育館で行うようになった２日目の集団テストでは、身体表現やゲームなどの課題が行われており、のびのびと子どもらしく活動できること、お友達の意見に耳を傾けながら自分の意見もしっかりと言えることが大切です。成蹊小学校では、知識ばかりが先行している子どもではなく、社会性、協調性のある落ち着いた子どもを求めているようです。園生活や日常生活などでも、人の話をきちんと聞いたうえで自分の主張を伝えられるようにしましょう。生活習慣では、はし使いを見る課題が多く出されています。年齢相応に身の回りのことができているか、ご家庭でもう一度見直しておきましょう。保護者面接では、ここ数年は成蹊学園の教育についての理解度が問われる質問が多くなっています。子育ての社会的背景やしつけ、子どもについての具体的な質問を想定した回答と併せ、成蹊学園の教育を通したお子さんの将来像を考えておきましょう。学校説明会や公開行事に参加しての感想なども聞かれていますので、成蹊小学校の教育理念を今一度、確認しておきましょう。

年度別入試問題分析表

【成蹊小学校】

	2023	2022	2021	2020	2019	2018	2017	2016	2015	2014
ペーパーテスト										
話	○	○	○	○	○	○	○	○	○	○
数量						○				
観察力				○				○		○
言語										
推理・思考		○	○	○	○	○	○		○	○
構成力	○	○			○			○		
記憶										
常識										
位置・置換										
模写				○					○	
巧緻性										
絵画・表現										
系列完成										
個別テスト										
話										
数量										
観察力										
言語										
推理・思考										
構成力										
記憶										
常識										
位置・置換										
巧緻性										
絵画・表現										
系列完成										
制作										
行動観察										
生活習慣										
集団テスト										
話										
観察力										
言語										
常識										
巧緻性	○	○	○	○	○	○				
絵画・表現										
制作	○	○	○				○	○	○	○
行動観察	○	○	○	○	○	○	○	○	○	○
課題・自由遊び										
運動・ゲーム	○	○	○	○	○	○		○		
生活習慣				○	○	○	○	○	○	○
運動テスト										
基礎運動	○	○	○	○	○	○		○		
指示行動								○		
模倣体操				○						
リズム運動										
ボール運動	○	○	○	○	○	○	○	○	○	○
跳躍運動							○		○	○
バランス運動										○
連続運動										
面接										
親子面接										
保護者(両親)面接	○	○	○	○	○	○	○	○	○	○
本人面接										

※伸芽会教育研究所調査データ

小学校受験Check Sheet 

お子さんの受験を控えて、何かと不安を抱える保護者も多いかと思います。受験対策はしっかりやっていても、すべてをクリアしているとは思えないのが実状ではないでしょうか。そこで、このチェックシートをご用意しました。１つずつチェックをしながら、受験に向かっていってください。

✻ペーパーテスト編

①お子さんは長い時間座っていることができますか。

②お子さんは長い話を根気よく聞くことができますか。

③お子さんはスムーズにプリントをめくったり、印をつけたりできますか。

④お子さんは机の上を散らかさずに作業ができますか。

✻個別テスト編

①お子さんは長時間立っていることができますか。

②お子さんはハキハキと大きい声で話せますか。

③お子さんは初対面の大人と話せますか。

④お子さんは自信を持ってテキパキと作業ができますか。

✻絵画、制作編

①お子さんは絵を描くのが好きですか。

②お家にお子さんの絵を飾っていますか。

③お子さんははさみやセロハンテープなどを使いこなせますか。

④お子さんはお家で空き箱や牛乳パックなどで制作をしたことがありますか。

✻行動観察編

①お子さんは初めて会ったお友達と話せますか。

②お子さんは集団の中でほかの子とかかわって遊べますか。

③お子さんは何もおもちゃがない状況で遊べますか。

④お子さんは順番を守れますか。

✻運動テスト編

①お子さんは運動をするときに意欲的ですか。

②お子さんは長い距離を歩いたことがありますか。

③お子さんはリズム感がありますか。

④お子さんはボール遊びが好きですか。

✻面接対策・子ども編

①お子さんは、ある程度の時間、きちんと座っていられますか。

②お子さんは返事が素直にできますか。

③お子さんはお父さま、お母さまと３人で行動することに慣れていますか。

④お子さんは単語でなく、文で話せますか。

✻面接対策・保護者（両親）編

①最近、ご家族での楽しい思い出がありますか。

②ご両親の教育方針は一致していますか。

③お父さまは、お子さんのお家での生活や幼稚園・保育園での生活をどれくらいご存じですか。

④最近タイムリーな話題、または昨今の子どもを取り巻く環境についてご両親で話をしていますか。

section 2023　成蹊小学校入試問題

選抜方法

考査は２日間で、１日目は午前に男子、午後に女子の考査が行われる。男女それぞれＡとＢの２グループに分けられ、10～15人単位でペーパーテストと集団テストを行う。２日目は体育館で男女混合の14～20人単位で集団テストと運動テストを行う。所要時間は１日目、２日目とも約１時間30分。２日目の考査と並行して保護者面接がある。

考査：１日目

ペーパーテスト

筆記用具は青のフェルトペンを使用し、訂正方法は＝（横２本線）。出題方法は話の記憶のお話のみ音声（映像、画像なし）で、ほかは口頭。男女により問題が異なる。

1 話の記憶（男子）

プリントを裏返しにしたままお話を聞く。

「ある日、しんじ君はお姉さんのまりさんと一緒に、お山の上にある公園に行きました。公園に着くと昔遊び大会をやっていたので、２人はワクワクしてのぞいてみました。そこには羽根突きをするコーナー、ケン玉をするコーナー、コマ回しをするコーナーがありました。『どれで遊ぼうか？』どの遊びも楽しそうなので２人は迷いましたが、『僕、コマがいい！』としんじ君が元気に言ったので、コマ回しをすることになりました。コマのコーナーに行くと、もう何人かのお友達がコマで遊んでいます。その中でも麦わら帽子をかぶった女の子が、上手にコマを回していました。『すごいね』としんじ君たちが感心してその様子を見ていると、『こんにちは。君たちはコマで遊んだことはあるかい？』と白くて長いひげを伸ばしたおじいさんが聞きました。『いいえ、遊ぶのは初めてです』。まりさんが答えると、『じゃあ、これでさっそく遊んでみよう』。そう言うと、おじいさんはしんじ君とまりさんにコマを渡してくれました。でも、コマを回すのが初めての２人はなかなか上手に回すことができません。そんな様子を見ていたおじいさんは、『どれどれ、教えてあげよう。こうすると上手に回すことができるよ』と言って、自分の手のひらの上でコマを回して見せてくれました。『すごい！』２人は驚きました。おじいさんにコマの回し方を教えてもらったしんじ君たちは、だんだん上手に回すことができるようになってきました。『この山には昔、いろいろな虫がすんでいたんだ。おじいさんが子どものころは、バッタやセミを捕まえて遊んだものだよ』。おじいさんは、懐かしそうに子どものころのお話をしてくれました。しんじ君はおじいさんのお話に聞き入り、『僕も虫捕りがしたいな』と思いました。すっかりコマを回すのが上手になった２人は『おじいさん、ありがとう。

こんなに上手になったよ』と言って、おじいさんにコマを返しました。おじいさんは『コマが上手に回せるようになったから、お土産をあげよう』。そう言うと、しんじ君とまりさんにリンゴジュースを１本ずつくれました。『そうそう、アメもあげよう』。おじいさんはポケットからアメを取り出して『お姉ちゃんには３個、君には２個あげよう』と言って２人に渡しました。『おじいさん、ありがとう』。２人はお礼を言うと、先が三角のように尖っている木の下へ行きました。『たくさん遊んだから、のどが渇いたね』。しんじ君たちは、おじいさんからもらったリンゴジュースを飲みました。冷たくておいしいジュースを飲み終えると、『ミーンミーン』とセミの鳴き声がにぎやかに聞こえてきました」

プリントを表にして質問を聞く。

・リンゴの段です。しんじ君とまりさんが遊びに行った公園はどこにありましたか。合う絵に○をつけましょう。
・バナナの段です。２人にコマの回し方を教えてくれたおじいさんに○をつけましょう。
・ブドウの段です。コマを上手に回していた女の子がかぶっていた帽子に○をつけましょう。
・カキの段です。おじいさんはコマをどこで回して見せてくれましたか。お話に合う絵に○をつけましょう。
・サクランボの段です。しんじ君とまりさんは、木の下でジュースを飲みましたね。その木はどんな様子でしたか。合う絵に○をつけましょう。
・メロンの段です。しんじ君とまりさんが飲んだジュースに○をつけましょう。
・クリの段です。昔遊び大会には、いくつの遊びのコーナーがありましたか。その数だけ、星に１つずつ○をつけましょう。
・パイナップルの段です。おじいさんが子どものころに捕まえたと言っていた虫に○をつけましょう。
・イチゴの段です。しんじ君とまりさんがおじいさんからもらったアメの数を合わせると、何個になりますか。２個ならハートに、３個ならダイヤに、４個ならクローバーに、５個なら星に○をつけましょう。
・ミカンの段です。このお話の次にやって来る季節の絵を選んで○をつけましょう。

2 話の記憶（女子）

プリントを裏返しにしたままお話を聞く。

「僕は宇宙飛行士。これからロケットに乗って宇宙に出発します。僕が乗るロケットは窓が１つでエンジンが３個、翼が２枚ついています。『出発！』どんな宇宙人に会えるかな。ワクワクしていると、最初の星に到着しました。ロケットの外へ出てみると、どこからか音楽が聞こえてきます。ここはテキパキさんとゆっくりさんが暮らす星。２人で楽器を演奏しているようです。（太鼓とリコーダーの音が聞こえる）『なんてきれいな音……』と僕がうっとり聴いていると、『やあ、こんにちは。僕たちの星にようこそ！　僕たちが演奏する曲を聴いて、ゆっくりしていってね』。テキパキさんとゆっくりさんは、僕のためにいろいろな曲を演奏してくれました。僕は２人に『すてきな音楽を聴かせてくれてありがとう』とお礼を言い、次の星に向けてまたロケットに乗り込みました。２番目に着いた星は、ちょこちょこさんとずっしりさんが暮らす星。僕がロケットから降りると、ちょこちょこさんはちょうど、けがをした生き物を助けてあげているところでした。その生き物は『ホーホー』と鳴き、包帯を巻いてもらうとすっかり元気になったようです。ずっしりさんはとても力持ち。僕のロケットの中をのぞくと『ずいぶんと散らかっているね。僕が片づけてあげよう』と言って、ロケットの中のものを持ち上げはじめました。『ソファとベッドではソファが重い。ベッドと冷蔵庫では冷蔵庫が重い。冷蔵庫とソファではソファが重い。これが一番重いね』。ずっしりさんはその一番重いものを軽々と持ち上げると、僕のロケットの中をきれいに片づけてくれました。『ありがとう。さあ、そろそろ次の星へ出発だ』。僕はちょこちょこさんとずっしりさんにお礼を言って、またロケットに乗り込みました。『今度はどんな宇宙人に会えるかな』。そして、最後の星に到着しました。ロケットから降りると、いいにおいがします。『おなかがすいたな……』。そのにおいにつられて歩いていくと、声がします。『やあ、こんにちは。ちょうどハンバーグが焼けたところだよ。食べていかないかい？』この星には、料理上手のピシットさんとユラユラさんが暮らしていました。『本当？　僕ハンバーグが大好きなんだ』。僕はうれしくなって、さっそく宇宙人のお家へ入りました。僕が『ニンジンのサラダを作るよ』と言うと、２人はとても喜んでくれました。できあがったお料理をテーブルに並べて、僕が『ハンバーグにはソースをかけたい』と言うと、ピシットさんは『えーっ、ハンバーグにはケチャップでしょ』と言いました。僕たちがけんかになりそうになったそのときです。ユラユラさんは『じゃあ、ソースとケチャップを混ぜてバーベキューソースにしようか』と言いました。バーベキューソースのハンバーグはとてもおいしくて、あっと言う間に食べてしまいました。さあ、そろそろ地球に帰る時間です。『いろいろありがとう。とてもおいしかったよ。今度は僕の住む地球に遊びに来てね』。僕はそう言うと、ロケットに乗り込み、飛び立ちました。地球が見えてきました。楽しかった宇宙旅行も終わりです。ロケットの窓の外には、まんまるの大きな月が見えています。そして地球に帰った僕がロケットの窓から見たのは、沈みかけた太陽が海に映り、オレンジ色に輝いた空でした」

プリントを表にして質問を聞く。

・リンゴの段です。宇宙飛行士の男の子が乗ったロケットに○をつけましょう。
・バナナの段です。男の子が最初の星で音を聞いた楽器は何でしたか。○をつけましょう。
・ブドウの段です。けがをして、宇宙人に助けてもらっていた生き物に○をつけましょう。
・カキの段です。ずっしりさんが持ち上げたもので、一番重いものに○をつけましょう。
・サクランボの段です。３つ目の星で男の子が作ったのは何のサラダでしたか。合う絵に

◯をつけましょう。

・メロンの段です。男の子が大好きな食べ物は何の生き物からできていると思いますか。その生き物の足に◯をつけましょう。
・クリの段です。男の子はいくつの星に行きましたか。行った星の数だけ、星に１つずつ◯をつけましょう。
・パイナップルの段です。男の子がロケットの窓から見た月の様子に◯をつけましょう。
・イチゴの段です。男の子が地球に帰ったときに見た景色の絵に◯をつけましょう。
・ミカンの段です。男の子とピシットさんは、料理を食べるときに意見が合わずにけんかになりそうでした。お友達と意見が違ったとき、あなたはどんな気持ちになりますか。楽しい気持ちになる人はハートに、悲しい気持ちになる人はダイヤに、寂しい気持ちになる人はクローバーに、お友達と相談して決めたいと思う人は星に◯をつけましょう。

3 構成（男子）

プリントが３枚配付される。１枚目（3－A）の黒い星のついた例題をテスターと一緒に行い、やり方を確認する。その後、２枚目（3－B）、３枚目（3－C）を行う。

・右側にある形を組み合わせて、左端の形を作ります。右の形のうち、使わないものを真ん中の星の数だけ選んで、◯をつけましょう。右側の形は向きを変えたり、裏返したりしてはいけません。

4 構成（女子）

プリントが３枚配付される。１枚目（4－A）の黒い星のついた例題をテスターと一緒に行い、やり方を確認する。その後、２枚目（4－B）、３枚目（4－C）を行う。

・左端の形を点線で切るとどのようになりますか。右側から選んで◯をつけましょう。右側の形は、向きが変わっているものもあります。

集団テスト

制作・巧緻性（レーン作り）（男女共通）

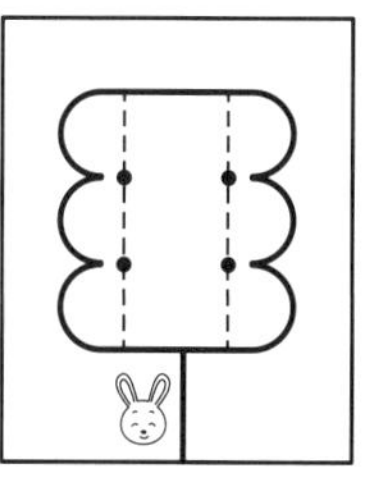

机の引き出しの中に道具箱が用意されている。道具箱の中には、ウサギと黒い線が描いてある台紙、Ａ３判の上質紙、セロハンテープ、はさみが入っている。道具箱から台紙を取り出し、ウサギの絵のところからはさみを入れて黒い線に沿って切る。台紙の点線に沿って谷折りに折り目をつけ、ピンポン球を転がすためのレーンを作る。上質紙を半分に折り、はさみで切り取った後の台紙の残りを挟んで道具箱の中にしまう。

行動観察（ピンポン球転がし）

5～7人のグループで行う。お友達と配置を相談して、制作・巧緻性の課題で作ったレーンを板の上にセロハンテープで貼りつけてピンポン球が通るコースにする。作ったレーン以外にも、あらかじめ用意されたレーンを使ってもよい。コースが完成したら、みんなで協力して板を斜めに傾け、ピンポン球を転がして遊ぶ。

考査：2日目

集団テスト

3グループ（青、黄色、ピンク）で行う。

集団ゲームⅠ（電車ごっこ）

4人1組のチームになり、チーム内で並ぶ順番を決める。先頭になった人はセロハンテープを通したひもを首から下げ、全員で紙テープでできた輪の中に入って電車ごっこをしながらコースを回る。コースでは、低く張ったゴム段をまたぎ、途中にある小さいコーンの周りを1周し、大きいコーンを回って折り返す。折り返すときに先頭だった人はセロハンテープを次の人に渡し、一番後ろにつく。セロハンテープを受け取った人は同じように首にかけて先頭になり、行きと同じコースを戻ってゴールする。ゴールしたらまた同じように先頭を交代してスタートし、テスターが「やめ」と言うまでくり返し行う。回る途中で紙テープが切れたらセロハンテープで貼り合わせてつなぎ、再スタートする。

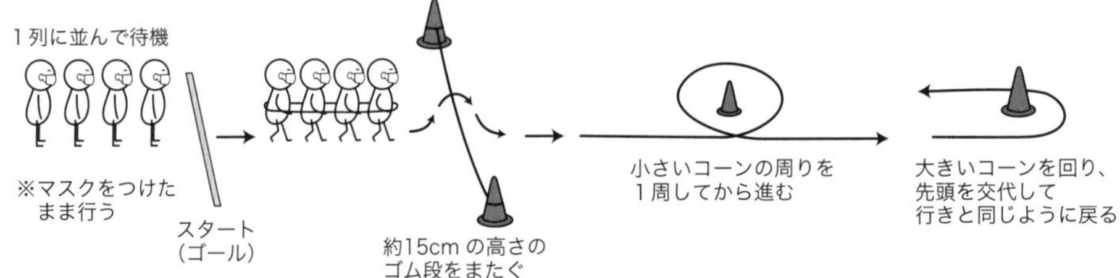

集団ゲームⅡ

下記のいずれかを行う。

（ジャンケンゲーム）

4人1組のチームになり、チーム対抗でジャンケンを行う。チーム内でどの手を出すか相談して決め、全員で同じ手を出す。あいこのときはチームでもう一度相談して手を決め、同じように全員で同じ手を出してジャンケンをする。

（ボール送りリレー）

４人１組のチームになり、チームごとに並ぶ順番を相談する。決まったら１列に並び、頭の上からボールを送る。一番後ろまでボールが来たらチーム全体で一斉に向きを反対に変え、今度は脚の間からボールを送る。ボールを送る順番を飛ばさない、ボールが転がってしまったら取りに行ってその場所からやり直す、というお約束がある。チームごとに、早くボールを送るための方法を考える。

行動観察（凝念）

起立して行う。おへその前に手で「桃の実」の形を作り、鐘が２回鳴ったら目を閉じ、１回鳴ったら目を開ける

運動テスト

各運動の最初に男女に分かれて１度練習を行う。その後、３グループ（青、黄色、ピンク）に分かれ、男女混合で行う。

かけっこ

黄色い線からスタートする。コーンの外側を左回りで、全力で走って戻る。黄色い線を越えたら折り返し、スタート地点を越えるまで走り抜ける。

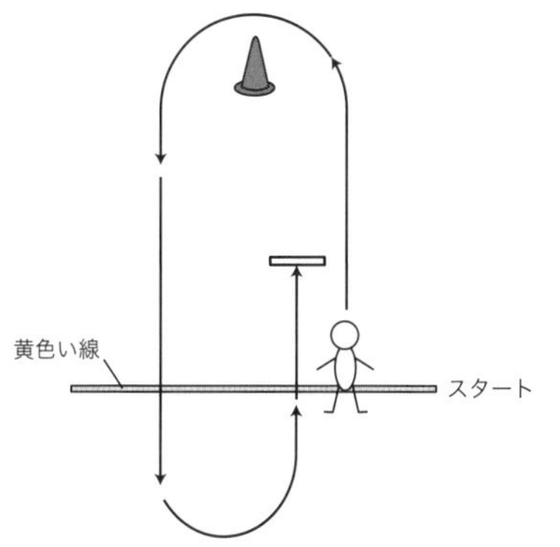

ドリブル

青い線からスタートする。ボールをつきながら、大きなコーンと小さなコーンの間を左回りで回って戻る。そのまま青い線を越えて、同じように反対側にある大きなコーンと小さなコーンの間を右回りで回って戻る。ボールをつく手は途中で替えてもよい。２周続けて行う。また、途中でボールが転がったらテスターからボールをもらい、そこから続けて行う。

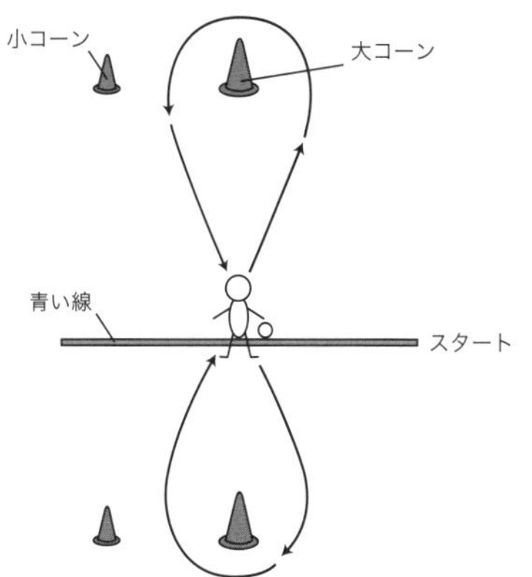

ボール投げ

１辺が２ｍほどの青い線の四角の中から、５～７ｍ離れた場所にいるテスターに向かってボール（軟らかくハンドボールほどの大きさ）をできるだけ遠くに投げて、距離を測る。２回行う。

保護者面接

それぞれの回答を踏まえて質問が発展したり、他方にも同じ内容が問われたりする場合がある。また、家庭調査書（面接資料）に記入した内容について聞くこともある。

父親

- 本校では心の教育を重視し、中でも「優しい心を育む」ことを大切にしていますが、家庭では「優しさ」をどのように大切にしていますか。何に気をつけていますか。
- 子どもの「優しさ」についてどのように考えますか。
- ご家庭では、どのように「優しさ」を伝えていますか。
- お子さんの「優しさ」を感じたエピソードをお話しください。
- 本校でお子さんのどのようなところを伸ばしたいですか。
- 本校でお子さんにどのように成長してほしいですか。
- 本校でお子さんにどのようなことをさせたいですか。
- お子さんが興味のあること、頑張っていることは何ですか。

母親

- オープンスクールで印象に残っていることは何ですか。どの学年、どの授業が印象に残っていますか。
- 本校の生徒の印象はいかがですか。
- 本校の６年間で何を身につけてほしいですか。何に期待しますか。
- 本校の行事で、お子さんが興味を持つと思うのはどれですか。
- ご家庭で大事にしている行事は何ですか。
- 中村春二先生の「世のため人のために尽くすべし」という言葉がありますが、この言葉を受けてどのように思われますか。どのようにお子さんを育てていきたいですか。
- 本校は給食ですが、お子さんの好きな食べ物、嫌いな食べ物は何ですか。

面接資料／アンケート

Ｗｅｂ出願後に家庭調査書（面接資料）と家族写真台帳を郵送する。以下のような項目がある。

（家庭調査書）
- 志願者氏名、性別、生年月日、現住所、電話番号。
- 保護者の氏名、続柄。
- 志願者の保育歴および性格。
- 志願の理由。
- 通学経路と所要時間。

（家族写真台帳）

・志願者氏名、性別、生年月日。

・保護者の氏名、続柄。

・家族写真貼付（保護者２名までと受験者本人）。

・家族写真の人物について受験者との続柄と氏名。

2023

2022

2021

2020

2019

2018

2017

2016

2015

2014

1

2

3

A

B

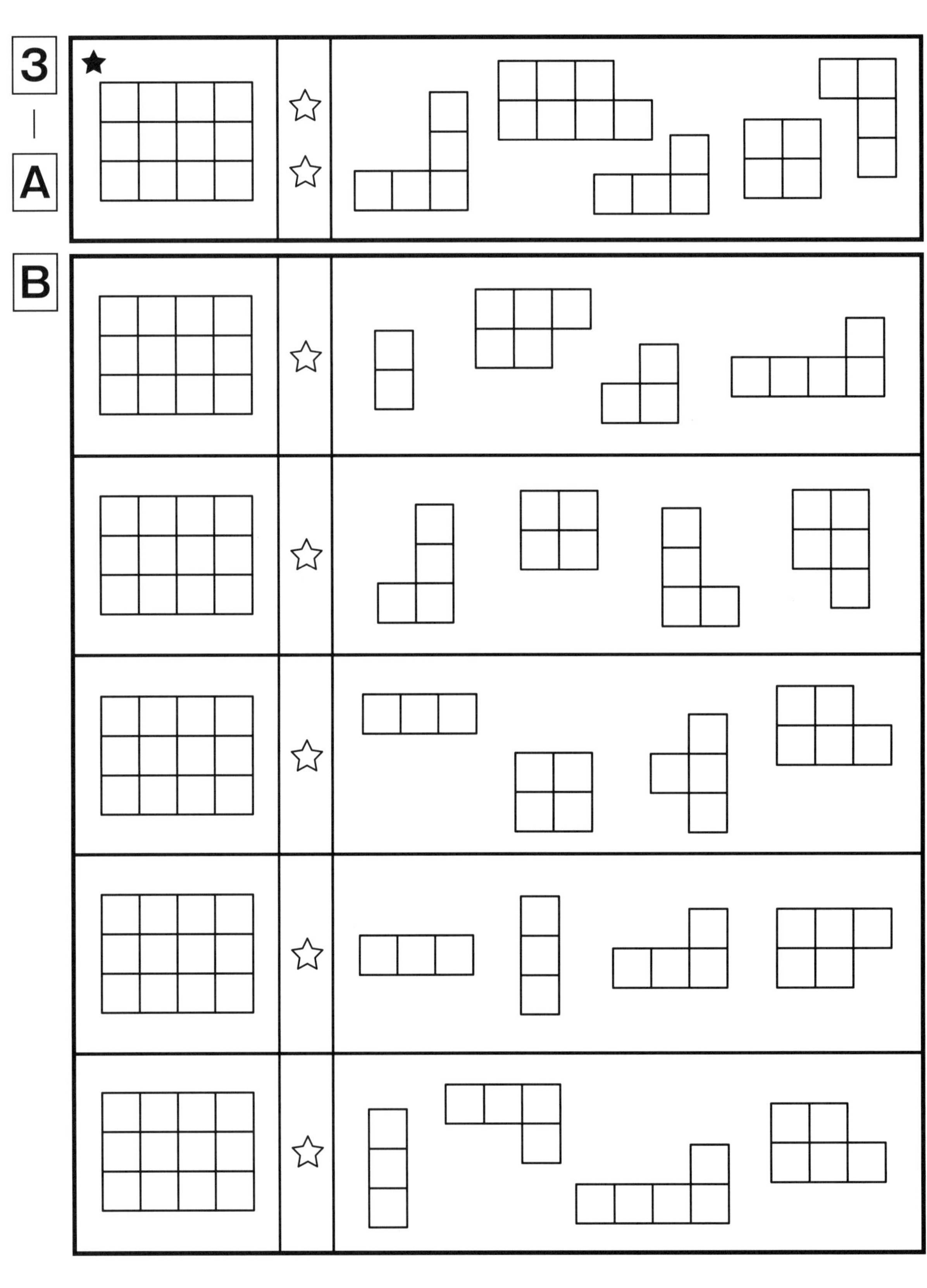

3
―
C

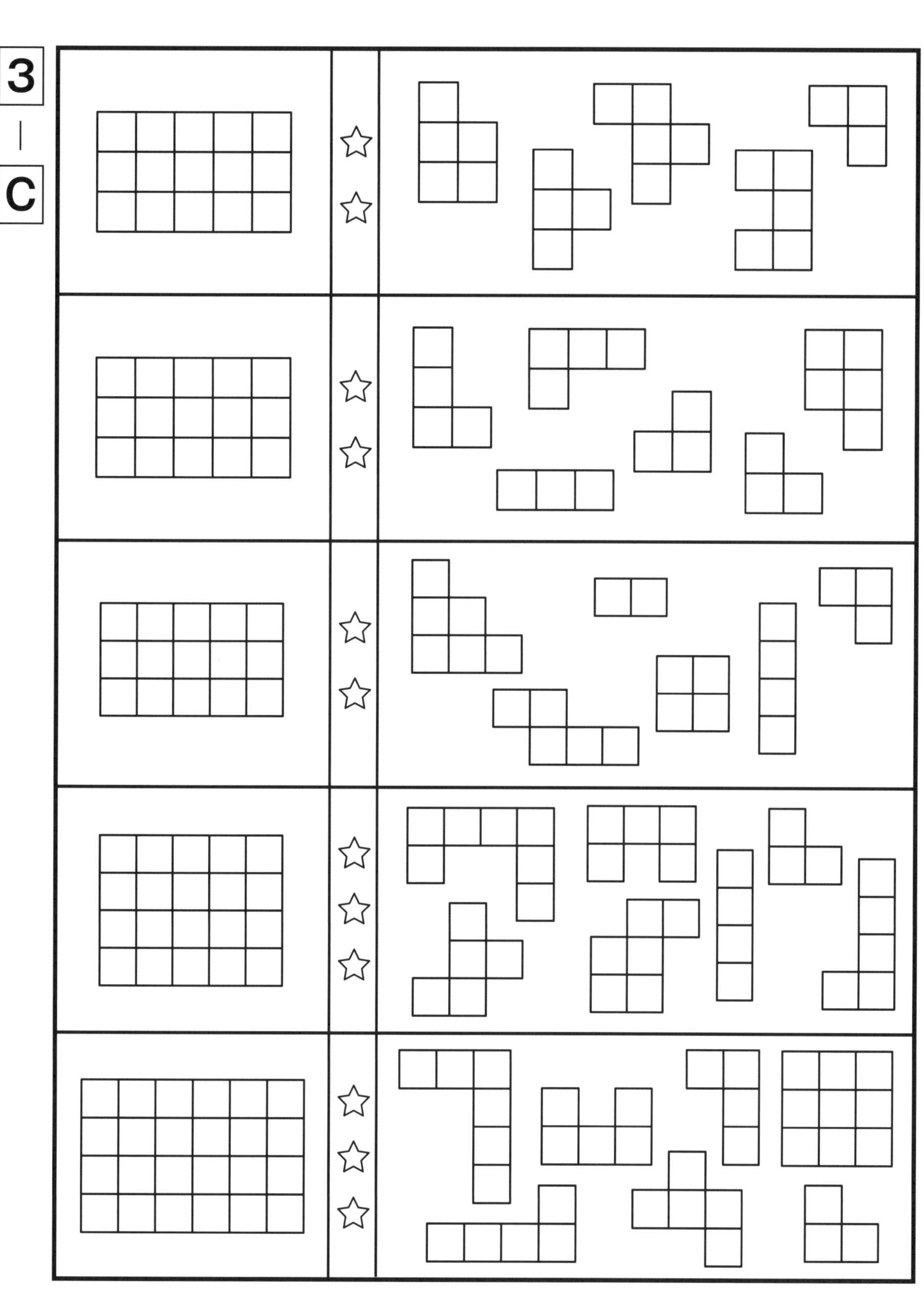

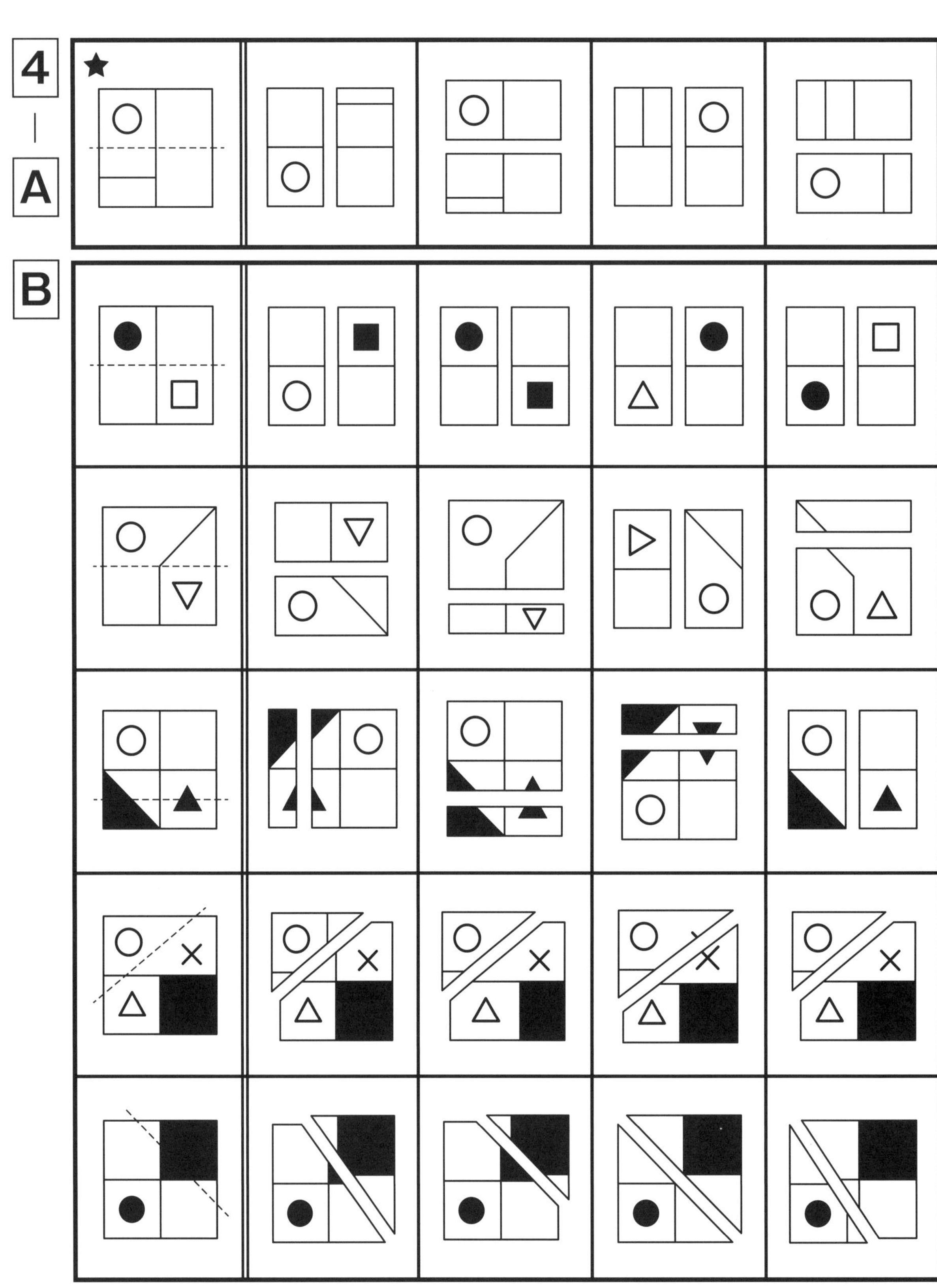
4
A
B

4
|
C

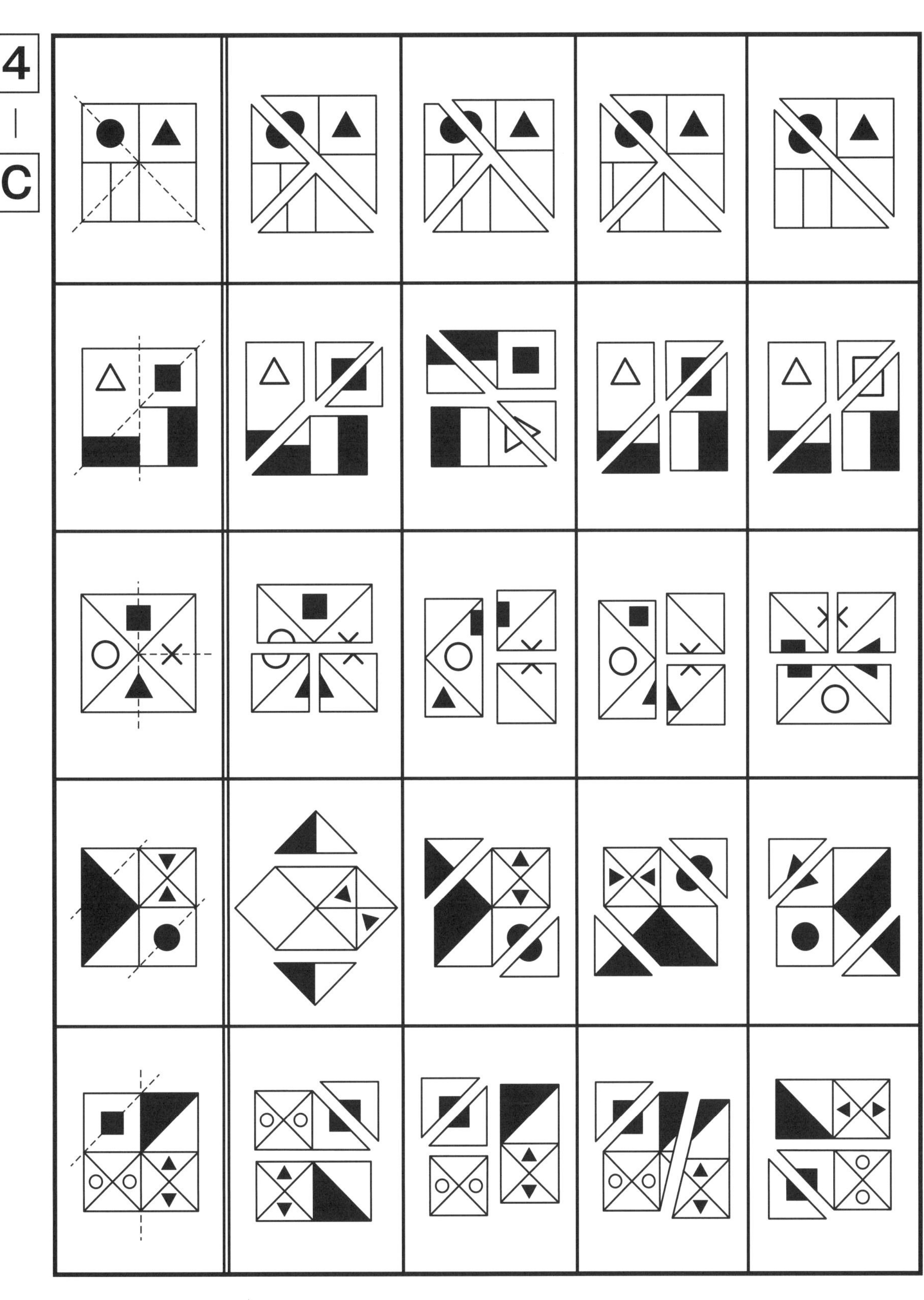

section
2022　成蹊小学校入試問題

選抜方法

考査は２日間で、１日目は午前に男子、午後に女子の考査が行われる。男女それぞれＡとＢの２グループに分けられ、10～15人単位でペーパーテストと集団テストを行う。２日目は体育館で男女混合の14～20人単位で集団テストと運動テストを行う。所要時間は１日目、２日目とも約１時間30分。２日目の考査と並行して保護者面接がある。

考査：１日目

ペーパーテスト

筆記用具は青のフェルトペンを使用し、訂正方法は＝（横２本線）。出題方法は話の記憶のお話のみ音声（映像、画像なし）で、ほかは口頭。男女により問題が異なる。

1　話の記憶（男子）

プリントを裏返しにしたままお話を聞く。

「今日はけんた君のお誕生日です。『お友達におめでとうって言ってもらえるかな』と、うきうきした気持ちで幼稚園に行きました。幼稚園に着くと、花壇にはヒマワリの花が咲いていました。靴を上履きに履き替えて教室の前に来ると、みんなで作った七夕飾りが風に揺れています。朝の会で先生が『今日はお誕生会ですね。お誕生会が始まるまでは、好きな遊びをしていていいですよ』と言ったので、けんた君はお家から持ってきたあやとりをしようか、幼稚園の積み木で遊ぼうかと迷いました。外を見ると、ゆきこさんたち４人の女の子が、楽しそうにドッジボールをしているのが見えます。『よし、僕も入れてもらおう』と、けんた君は外へ出ました。ところが『やっぱり僕はサッカーをやりたいな』と思ったけんた君は、ゆきこさんに『サッカーをするからボールを貸して』と言いました。けれどもゆきこさんは『いやよ。わたしたちが先にドッジボールをしていたのよ』と貸してくれません。それを聞いたけんた君は『今日、僕は誕生日なんだ。だから貸してよ』と、ゆきこさんから無理やりボールを取り上げてしまいました。『けんた君の意地悪』。とうとうゆきこさんは、泣き出してしまいました。その様子を見ていたお友達が、先生を呼びに行きました。にこにこした顔でやって来た先生は『けんた君、今日はお誕生日よね。１つお兄さんになったのだから、お友達にも優しくできるわよね』と言いました。けんた君は先生の話を聞いてその通りだと思い『さっきはボールを取ってごめんね』とゆきこさんに謝って、仲直りをしました。それからみんなで鉄棒をして遊んでいると、男の子のお友達が『一緒に遊ぼう』とやって来ました。鉄棒で遊ぶには人数が多いので、みんなでシーソーで遊ぶことにしました。『じゃあ、男の子と女の子に分かれて乗ろう』。右に女の子、左に男の子で分かれて乗ると、女の子たちのシーソーが下がったままです。『あれ？』男の子たちが不思議に思って人数を数えてみると、女の子は４人、男の子は３人です。『女の子のほうが多いから、これじゃあ、女の子がずっと下がったままでずるいよ』と、けんた君はプンプン怒りました。そんなけんた君を見て『けんた君、今日はお誕生日でしょう？１つお兄さんになったのだから、怒らないでみんなで仲よく遊ぼうよ』と、長い髪のさくらさんが言いました。『そうだね。さっきゆきこちゃんと仲直りしたばかりだものね。みんなで仲よく遊ばないといけないね』。けんた君は恥ずかしそうです。それからシーソーに乗るお友達を決めて仲よく遊んでいると『お誕生会を始めますよ』と、先生の声がしたので、みんなで教室に戻り席に座りました。先生が『今日はけんた君のお誕生日です。けんた君、前に出てきてくださいね。さあ、みんなでハッピーバースデーの歌を歌いましょう』と言いました。みんなが歌を歌ってくれるのを聴いて、けんた君はとてもうれしくなりました。先生が用意してくれたケーキには、６本のロウソクが立っています。けんた君が勢いよく『ふーっ』と火を吹き消すと『お誕生日おめでとう』と、みんなが拍手をしてくれました。『１つお兄さんになったのだから、みんなに優しく、そして仲よく遊ぼう』と、けんた君は思いました」

プリントを表にして質問を聞く。

・リンゴの段です。けんた君が幼稚園で遊ぶためにお家から持ってきたものに○をつけましょう。
・バナナの段です。みんなでシーソーで遊ぶ前に、けんた君が遊んだものに○をつけましょう。
・イチゴの段です。ゆきこさんを泣かせてしまったけんた君にお話をしたときの、先生の顔に○をつけましょう。
・ブドウの段です。お友達とシーソーで遊んでいたときに、けんた君に注意をした人に○をつけましょう。
・ミカンの段です。シーソーで遊んだとき、男の子と女の子はそれぞれ何人でしたか。男の子の数だけ黒い星に、女の子の数だけ白い星に、それぞれ１つずつ○をつけましょう。
・洋ナシの段です。けんた君はどうして女の子からボールを取ったと思いますか。「お誕生日は、みんなに優しくしてもらえるはずだと思ったから」なら丸に、「お誕生日は何をしてもいいと思ったから」なら三角に、「お誕生日で楽しくなったから」なら星に、「みんなに『おめでとう』と言ってほしかったから」ならひし形に○をつけましょう。
・カキの段です。このお話の次の季節の絵に○をつけましょう。
・クリの段です。先生が用意してくれたケーキに○をつけましょう。

2 話の記憶（女子）

プリントを裏返しにしたままお話を聞く。

「秋が終わり、寒さが続くある日のことです。『用意ができたら出発するよ』と、お父さんの声がしました。『はーい』。ゆいさんはわくわくして、お父さんが運転する車に乗り込みました。家族みんなで山の麓にあるおじいさんとおばあさんのお家に、お泊りに行くのです。しばらくしてゆいさんが『ねえ、お母さん。しりとりをしようよ』と言うと、お母さんは『あら、楽しそうね。じゃあ、ゆいから始めていいわよ』と言いました。ゆいさんが『わーい。じゃあ、リンゴ』と始めるとお母さんは『ゴリラ』と続けました。そして『ラッコ』『コアラ』とつながって、さあ、ゆいさんの番です。ゆいさんが元気よく続きを言うと『ブーッ。ゆいの負け』と、お母さんは笑いながら言いました。『あーっ、残念。悔しいな……。じゃあ、今度はなぞなぞをしようよ』とゆいさんが言うと『いいわよ。じゃあ、お母さんが問題を出すわね。行き止まりが５つで入り口が１つのものはなーんだ』『えーっ、何だろう。うーん……』。ゆいさんが困っていると、お母さんは『お母さんもお父さんも、持っているわよ。今日のように寒い日に、きっと役に立つものね』と、ヒントをくれました。『何だろう……』。ゆいさんが考えていると、車が止まりました。『さあ、着いたよ』。お父さんに言われ、ゆいさんが車から降りると『いらっしゃい。来てくれてうれしいわ』と、お家の中からおばあさんが出てきました。その隣でおじいさんがにこにこしながら『ゆいちゃん、今日はなおき君となおき君のお母さんも来ているよ』と、教えてくれました。『本当？』いとこのなおき君と仲よしのゆいさんは、うれしくなりました。それからおばあさんたちは、夕ごはんの支度を始めました。見ると、ジャガイモ、ニンジン、タマネギが用意されています。一つひとつ皮をむいたり、切ったりしているのを見て『今夜のごはんは何かな』と、ゆいさんは考えました。『さあ、できたわよ。ゆい、お手伝いをお願いね』と、お母さんが言いました。ゆいさんが、みんなのスプーンをテーブルに並べていると、おいしそうなシチューが運ばれてきました。『あっ、ブロッコリーも入っているよ』。なおき君もうれしそうです。『今夜は雪になりそうだな……』と、温かいシチューを食べながら、おじいさんが言いました。次の朝、起きると、夜のうちに降った雪が真っ白く積もっています。すっかり晴れ渡った空には、太陽が輝いています。『さあ、雪で遊ぼう』。なおき君は朝ごはんを食べ終わると、準備を始めました。そして、ゆいさんも準備をして外に出ました。『よし、雪ダルマを作ろう。ゆいちゃんも手伝ってね』と、なおき君は張り切っています。楽しそうな声を聞いて、お父さんとおじいさんも外へ出てきました。『お父さんたちは、かまくらを作ろう』。横にいるおじいさんも楽しそうです。ゆいさんとなおき君は、雪を転がして大きな雪の玉を２つ作り、重ねました。『よし、これで雪ダルマができたね』。２人は大喜びです。それからゆいさんは、石を２個拾ってきて目にしました。なおき君は枝を拾ってきて口にしました。『鼻はどうしようかな……』と、ゆいさんが考えていると、なおき君がお家の中からミカンを持ってきて鼻にしました。そしてバケツの帽子をかぶせ、最後に『僕のマフラーを巻いてあげるね』と、なおき君は自分のマフラーを雪ダルマに巻いてあげました。『さあ、できたぞ』。お父さんの声がしました。ゆいさんたちが行ってみると、少し小さいけれど立派なかまくらができています。おじいさんが小さいテーブルを持ってきて、かまくらの中に入れました。『ひと休みしましょう』。お母さんとおばあさんが、温かいおしるこを運んできました。かまくらの中で食べるおしるこのおいしいさに、ゆいさんはびっくりしました。食べながら外を見ると、しっぽがふさふさした茶色い動物がかまくらの前を通り過ぎました。『あっ、何かいるよ』。ゆいさんが慌てて外に出てみると、その動物の姿はもう見えません。『きっと動物も雪で遊びたいのね』と、ゆいさんはうれしくなりました。その後もゆいさんは雪でたくさん遊んで、おじいさんやおばあさん、なおき君たちと楽しく過ごしました」

プリントを表にして質問を聞く。

・リンゴの段です。雪で遊んだ日の天気に○をつけましょう。
・バナナの段です。お母さんとしりとりをしたゆいさんが最後に言ったものを選んで、○をつけましょう。
・イチゴの段です。お母さんが出したなぞなぞの答えは、何だと思いますか。その絵に○をつけましょう。
・ブドウの段です。ゆいさんたちが作った雪ダルマの絵に○をつけましょう。
・ミカンの段です。ゆいさんたちがかまくらの中で食べたものを選んで、○をつけましょう。
・洋ナシの段です。夕ごはんで食べたシチューに入っていなかったものを選んで、○をつけましょう。
・カキの段です。ゆいさんがお手伝いでテーブルに並べたスプーンはいくつでしたか。その数だけ、星に○をつけましょう。
・クリの段です。このお話の次の次の季節の絵に、○をつけましょう。

3 推理・思考（変わり方）（男子）

プリントが３枚配付される。１枚目（3－A）をお約束とし、これを見ながら２枚目（3－B）の白い星のついた例題をテスターと一緒に行う。その後、１枚目のお約束を見ながら２枚目の残りの問題と３枚目（3－C）を行う。

・１枚目のお約束では、赤い星と赤い星の間に黒い丸、白い三角、黒いひし形、白い四角の印が決まりよく並んでいます。赤い星が来るたびに、ほかの印の数が変わります。どのように変わっていくかは、お約束を見て自分で考えましょう。印は最後までかかれていませんが、雲で隠れた先も同じお約束でずっと続いています。では２枚目、３枚目のそれぞれの段の点線の四角には、どんな印が来るとよいですか。１枚目を見ながら考えて、その印をかきましょう。ただし、３枚目では、印の下にあった点線が上になっているものもあります。そのときの印や並び方の向きはどうなればよいか、気をつけてかきましょう。

4 構成（女子）

プリントが３枚配付される。１枚目（4－A）の黒い星のついた例題をテスターと行い、お約束を確認する。その後、２枚目（4－B）、３枚目（4－C）を行う。

・左側の形を、右のパターンブロックを使って作ります。右のパターンブロックのうち、使わないものを真ん中の星の数だけ選んで、○をつけましょう。

集団テスト

制作・巧緻性（スリッパ作り）（男女共通）

机の引き出しの中に道具箱が用意されている。道具箱の中には、台紙、綴じひも、スティックのり、はさみが入っている。道具箱から台紙を取り出し、周りの線に沿ってはさみで切る。黒い部分と白い部分の穴が重なるように、左右それぞれ内側に折り、スティックのりで貼り合わせる。甲の部分になるように内側にもうひと折りしたら、一番上の穴の裏側からひもを通し始める。靴ひものように表→裏と交差させながら通し、最後に表でかた結びをする。できあがったら机の右上に置き、使った道具とゴミを道具箱の中にしまう。

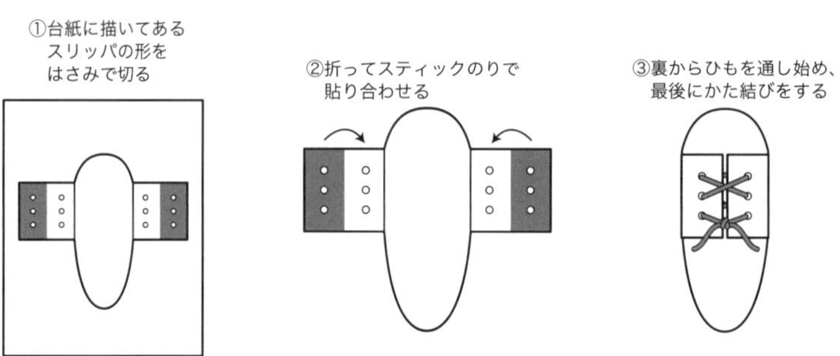

行動観察（凝念）（男女共通）

起立して行う。おへその前に手で「桃の実」の形を作り、鐘が２回鳴ったら目を閉じ、１回鳴ったら目を開ける。

考査：２日目

集団テスト

３グループ（青、黄色、ピンク）で行う。

集団ゲームⅠ

下記のいずれかを行う。

（とんだとんだゲーム）

台の上からテスターが「とーんだ、とんだ」と掛け声をかけたら、子どもたちは「なーにがとんだ」と返す。その後、テスターが言ったもののとぶまねをする。テスターが「ウサギ」と言ったら、その場でウサギのとぶまねをする。「ウサギ、カエル」と言ったらウサギのまねをした後すぐに、カエルのまねをする。ほかに、ヘリコプター、バッタ、カラス、タンポポ（綿毛）、魔法使いなどの指示があり、まねをする動きは自分で考える。

（ピーチくん命令ゲーム）

テスターが「ピーチくん、座れ」、「ピーチくん、飛行機」、「ピーチくん、踊れ」などと命令し、その場で命令通りの動きを行う。ただし「ピーチくん」と言わなかった場合は、その動きはせず次の命令を待つ。「ピーチくん、スタート」と言われたら始め、「ピーチくん、終了」と言われたらやめる。命令に従う動きは自分で考える。

集団ゲームⅡ（後出しジャンケンゲーム）

テスターと、体を使った後出しジャンケンをする。パーは手足を横に開く、グーはしゃがんで体を丸める、チョキは両足を前後に開き、片手を斜め上に上げもう片方の手は斜め下に伸ばす。テスターが「後出しジャンケン、ジャンケンポン」と言ってポーズをとった後、「勝ってください」、「負けてください」、「あいこになってください」と言うので、指示通りそれぞれのポーズをする。

運動テスト

各運動の最初に男女に分かれて1度練習を行う。その後、3グループ（青、黄色、ピンク）に分かれ、男女混合で行う。待っている間は、指示された場所に体操座りで待つ。

かけっこ

黄色い線からスタートする。前方にあるコーンの外側を左回りで走り、そのまま黄色い線を越えて反対側にあるコーンの外側も左回りで走る。スタートした黄色い線を越えるまで、全力で走り抜ける。

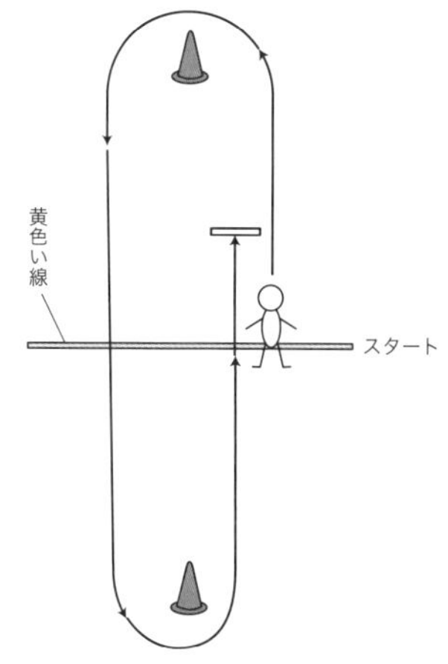

ドリブル

青い線からスタートする。ボールをつきながら、大きなコーンと小さなコーンの間を左回りで回って戻る。そのまま青い線を越えて、同じように反対側にある大きなコーンと小さなコーンの間を右回りで回って戻る。ボールをつく手は途中で替えてもよい。２周続けて行う。また、途中でボールが転がったらテスターからボールをもらい、そこから続けて行う。

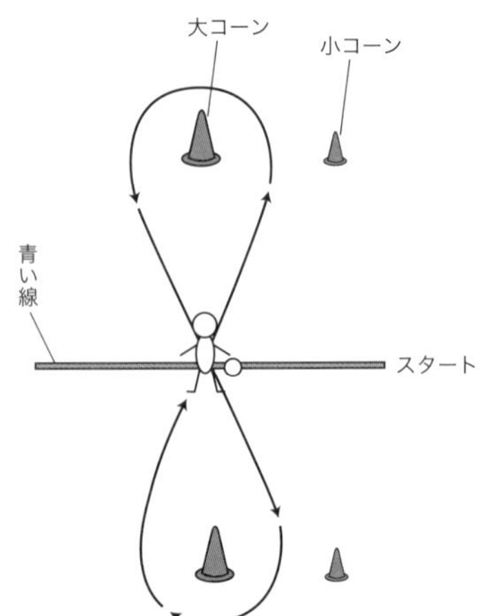

ボール投げ

１辺が２ｍほどの青い囲み線の中から、５～７ｍ離れた場所にいるテスターに向かってボール（軟らかくハンドボールほどの大きさ）をできるだけ遠くに投げて、距離を測る。２回行う。

保護者面接

それぞれの回答を踏まえて質問が発展したり、他方にも同じ内容が問われたりする場合がある。また、家庭調査書（面接資料）に記入した内容について聞くこともある。

父親

・本校を知ったきっかけをお話しください。
・学校説明会で印象に残ったことは、どのようなことですか。
・本校の教育理念で、共感していることはどのようなことですか。
・お子さんは、本校にどのようなイメージを持っていると思いますか。
・本校の教育で、どういったものを受けさせたいとお考えですか。
・子育てで一番大切にしていることは何ですか。また、それは本校の教育方針とどのような点で一致していると思いますか。
・お子さんが頑張っていることは何ですか。
・休日はお子さんとどのようにして遊んでいますか。
・ご家庭で大切にしている行事は何ですか。
・習い事について、どうお考えですか。
・ご家庭で、インターネットはどのように使用していますか。

母 親

・本校の学校説明会で感じたことをお聞かせください。
・お子さんは本校の様子を見て、何をやってみたいと言っていますか。
・本校の教育理念で、共感するのはどのようなことですか。
・本校の授業で興味のある科目は何ですか。
・オンライン説明会で、一番気になったことをお聞かせください。
・育児で気をつけていることをお話しください。
・お子さんの成長を感じるのはどんなときですか。
・お子さんが今、一番興味を持って取り組んでいることは何ですか。
・お子さんが楽しみにしている行事は何ですか。
・お子さんをほめるとき、叱るときに気をつけていることはどのようなことですか。
・書籍『たくましい実践力が「深い学び」をつくる　成蹊小学校の教育』(成蹊小学校編著　東洋館出版社刊）は、お子さんと読みましたか。その中で印象に残っていることをお話しください。それに対してどのような成果が出ましたか。

面接資料／アンケート

Ｗｅｂ出願後に家庭調査書（面接資料）を郵送する。以下のような項目がある。

・志願者氏名、性別、生年月日、現住所、電話番号。
・保護者氏名、続柄。
・志願者の保育歴および性格。
・志願の理由。
・通学経路と所要時間。
・志願者の写真を貼付。

1

Happy Birthday
Happy Birthday
Happy Birthday
Happy Birthday

2

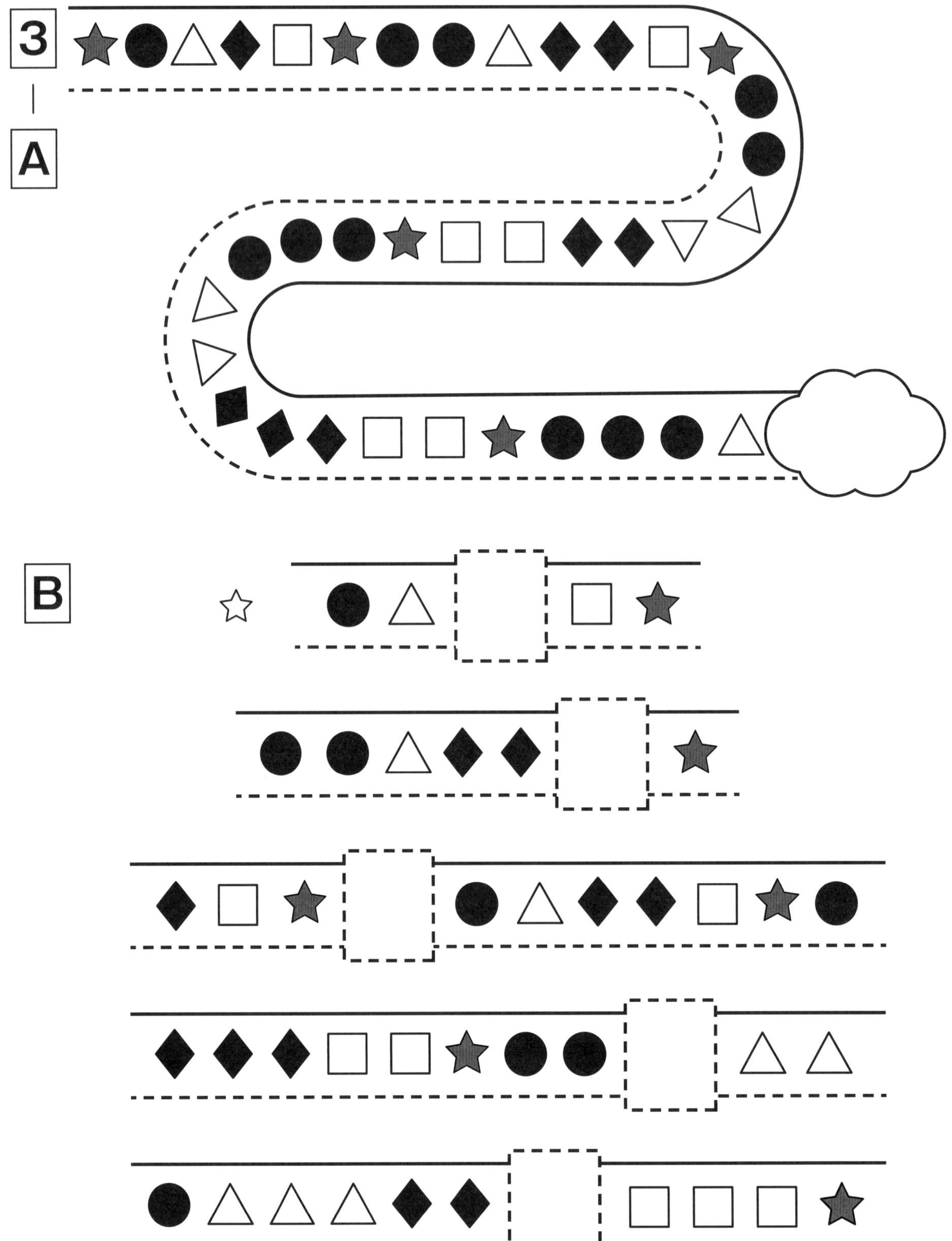
3
A
B

3
—
C

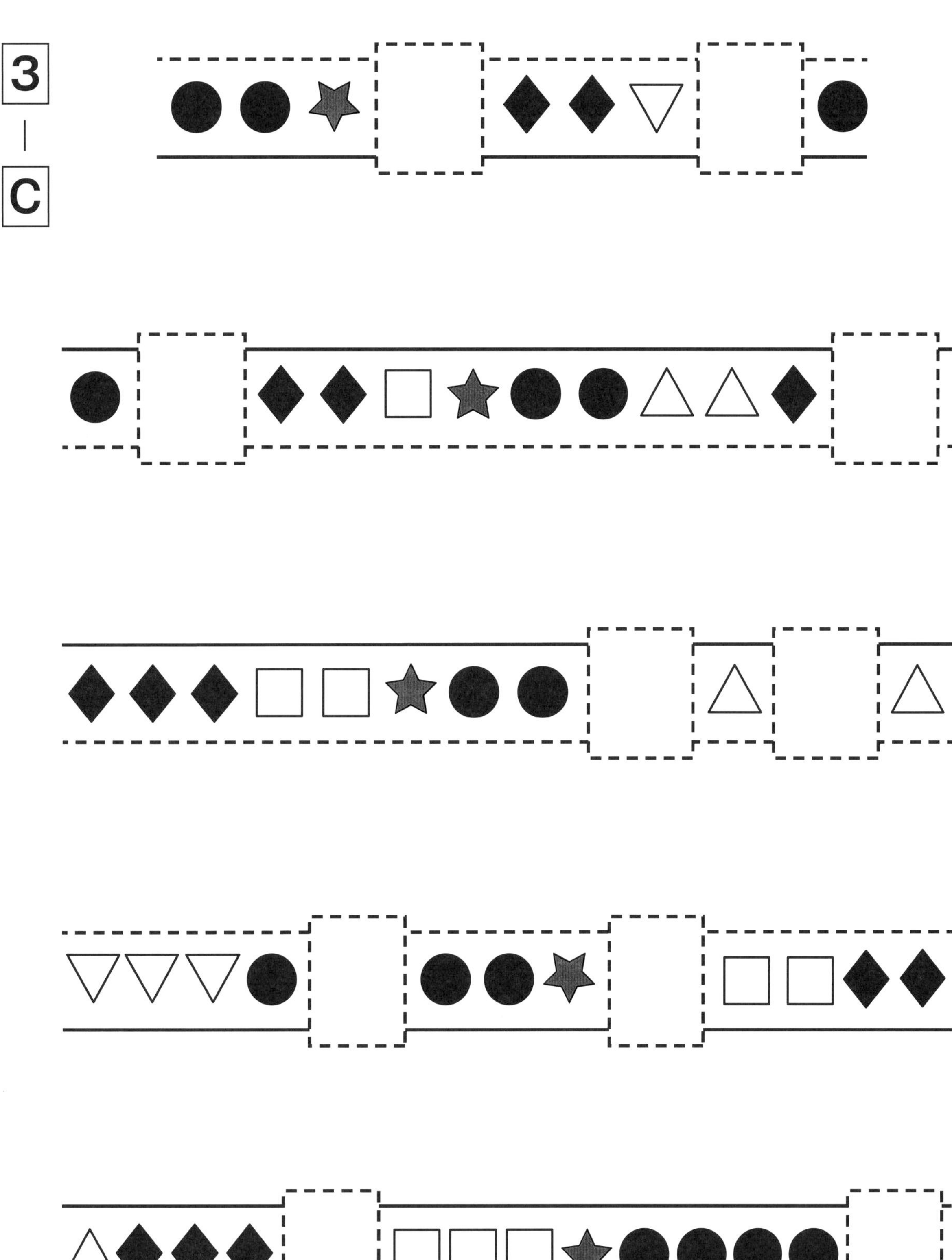

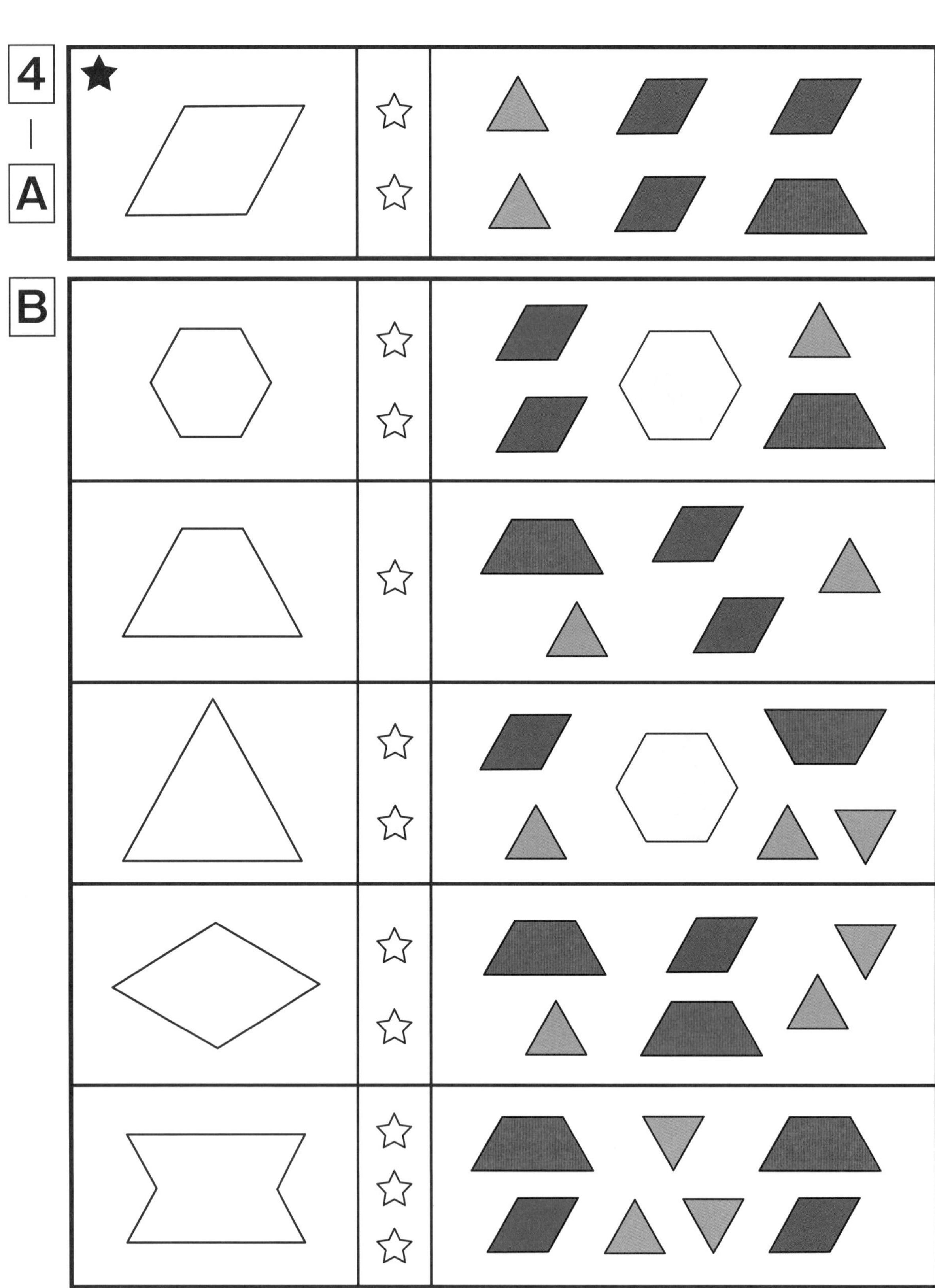
4
A
B

4－C

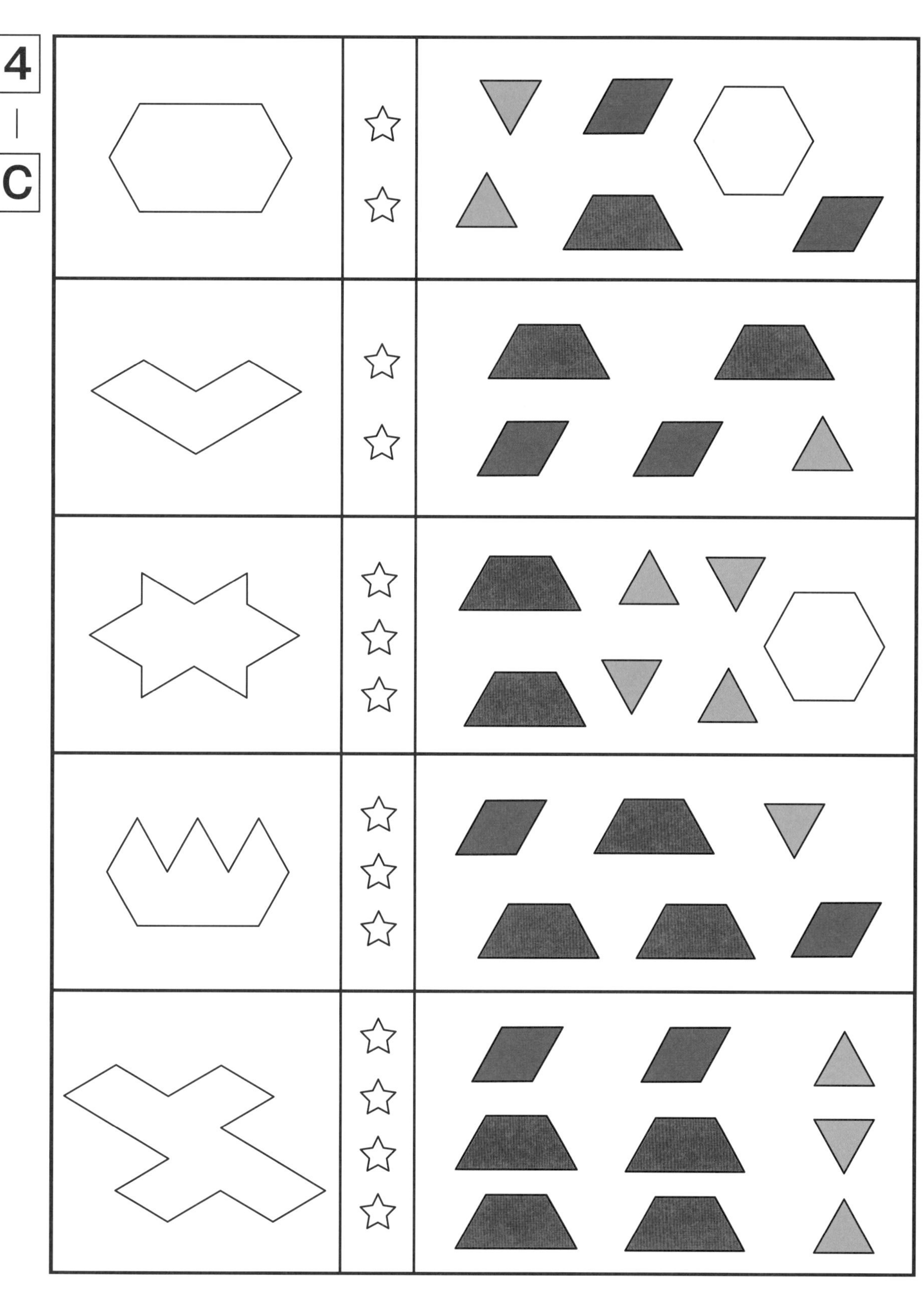

2023
2022
2021
2020
2019
2018
2017
2016
2015
2014

section
2021　成蹊小学校入試問題

選抜方法

考査は２日間で、１日目は午前に男子、午後に女子の考査が行われる。男女それぞれＡとＢの２グループに分けられ、10～15人単位でペーパーテストと集団テストを行う。２日目は体育館で男女混合の14～20人単位で集団テストと運動テストを行う。所要時間は１日目、２日目とも約１時間30分。２日目の考査と並行して保護者面接がある。

考査：１日目

ペーパーテスト

筆記用具は青のフェルトペンを使用し、訂正方法は＝（横２本線）。出題方法は話の記憶のお話のみテレビからの音声（映像、画像なし）で、ほかは口頭。男女により問題が異なる。

1　話の記憶（男子）

1－Aを見ながらお話を聞き、お話が終わると1－Aは回収される。

「いちろう君は明日、お父さんとお母さん、そして弟のじろう君と一緒に山登りに行きます。夕ごはんの前に、いちろう君とじろう君はてるてる坊主を作りました。『明日はよいお天気になりますように』と願いを込めて、いちろう君は３つ、じろう君は２つ作ってつるすと、元気に山登りができるようにいつもより早く寝ました。次の日の朝、起きて外を見てみると、雲一つないよいお天気です。お父さんが、『山登りには最高の天気だぞ。てるてる坊主のおかげだな』とニコニコしながら言いました。お母さんは朝早くからみんなのお弁当を作っていて、忙しそうです。お弁当ができると、お母さんが『はい、これはいちろうのお弁当よ。まだ温かいから、少し冷めてからお弁当にふたをしてね。ナプキンで包んでから、自分のリュックサックに入れるのよ』と言いました。お弁当箱の中を見てみると、おにぎりが２つとから揚げが２つ入っていました。いちろう君は、お弁当が少し冷めてからふたをしてナプキンで包み、恐竜のワッペンがついているお気に入りのリュックサックに入れました。するとお母さんが、『じろうとお母さんのお弁当を、ウサギのついたリュックサックに入れてくれる？』と言いました。『うん、いいよ』といちろう君が返事をして入れていると、またお母さんが『お父さんのお弁当は、リュックサックではなく肩からかけるかばんに入れてちょうだい。お父さんがいつも使っている、少し丸い形のかばんよ』と言ったので、いちろう君はお父さんのお弁当もかばんに入れました。さあ、いよいよ山に向かって出発です。いちろう君たちは長い時間電車に乗って山の入口駅というところで降り、池の横を通って山の入口に着きました。山の入口から頂上まで登るコースは４つあり、それぞれ動物の絵が描かれた看板があります。そのうち、パンダの看板があるのはギザギザの道を行くコース、クマの看板があるのは階段がたくさんあるコース、ゾウの看板があるのは長いトンネルがあるコースです。お父さんが、『この３つのコースはじろうが登るには大変そうだから、ウサギの看板があるコースにしよう』と言いました。『うん、そうしよう！』いちろう君たちは山の頂上を目指して、元気に歩き始めました。途中で短いトンネルを通って少し進むと、ゴリラの看板がある木のところまで来ました。道はそこで２つに分かれています。１つは急な坂が続く真っすぐの道、もう１つはなだらかな坂が続くクネクネした道です。それを見て、お父さんといちろう君は真っすぐの道、お母さんとじろう君はクネクネした道を進むことにしました。『じゃあ、また後でね！』そう言っていちろう君が登っていくと、水のきれいな川が流れていました。水の中をのぞいて見ると、カニがいます。いちろう君はカニを海でしか見たことがなかったので、びっくりしました。お父さんが『帰りに、お母さんとじろうと一緒にカニを捕ろう』と言ったので、いちろう君は帰り道も楽しみになりました。ふと気がつくと、おなかがぐうぐう鳴っています。『早く頂上まで行こう』と、いちろう君は急いで山を登りました。そしてついに、眺めのよい頂上に着きました。遠くまで見渡してから今度は見下ろしてみると、山のふもとのあたり一面がピンクに染まっていました。いちろう君は早くカニを捕まえたくなり、お母さんたちが登ってくる道の方を見てみると、道の先の大きな木の下で２人が休んで水を飲んでいるのが見えました。『お母さん、じろう、早くおいでよ！』と大きな声で呼ぶと、『すぐ行くわよ』とお母さんが返事をして、２人は頂上にやって来ました。お母さんは『いい眺めね』と言いながらリュックサックからアメを出すと、いちろう君とじろう君にくれました。そのアメは黄色くて、すっぱい味がしました。いつもはすっぱいアメが苦手な２人でしたが、今日はとてもおいしく感じました。それから、遠くの景色を眺めながらみんなでお弁当を食べました。食べていると、お父さんが『帰り道は、来たときと違う道にしようか』と言ったので、いちろう君は心配になりました。『カニはどうするの？』『だいじょうぶ。どの道を通っても川は通るよ』とお父さんが言うので、いちろう君は安心してまたお弁当を食べました。その後、帰る途中にみんなでカニを捕まえました。いちろう君は２匹、お父さんとじろう君は１匹ずつ捕まえて、お家に帰りました」

1－Bのプリントを見ながら質問を聞く。

・リンゴの段です。いちろう君が持っていったリュックサックとお父さんが持っていったかばんは、どのような様子でしたか。合う絵に○をつけましょう。
・バナナの段です。いちろう君たちが作ったてるてる坊主は、全部でいくつでしたか。その数だけ、星に１つずつ○をつけましょう。
・ブドウの段です。いちろう君たちが登ったコースの入口にあった看板には、何の絵が描いてありましたか。合う絵を選んで○をつけましょう。
・イチゴの段です。このお話の季節の、次の次の季節の絵に○をつけましょう。
・ミカンの段です。いちろう君のお弁当には、何が入っていましたか。合う絵を選んで○

をつけましょう。

・洋ナシの段です。お母さんとじろう君が休んでいた木には、何の絵の看板がかかっていましたか。合う絵に○をつけましょう。

・カキの段です。池の近くに咲いていたお花は、どのようなお花でしたか。合う絵に○をつけましょう。

・クリの段です。いちろう君とじろう君が食べたアメの味は何だと思いますか。リンゴの味だと思ったら三角、レモンの味だと思ったら星、バナナの味だと思ったらハート、ブドウの味だと思ったらダイヤに○をつけましょう。

2 話の記憶（女子）

プリントを裏返しにしたままお話を聞く。

「今日は森の広場で、年に一度の動物村の運動会があります。お天気もよく、運動会を観るためにお客さんがたくさん来ています。選手の動物たちは赤組と白組に分かれて、それぞれ自分のチームの優勝を目指します。赤組はパンダさん、ウサギさん、タヌキ君、白組はクマ君、リスさん、キツネ君です。村長さんが『これから、運動会を始めます』とあいさつをして、いよいよ運動会が始まりました。最初の競技は、パン食い競走です。スタートしたらあんパンがひもでつるしてあるところまで走り、手を使わずにジャンプしてあんパンをくわえたらゴールまで走ります。赤組からはパンダさんとウサギさん、白組からはクマ君、キツネ君が出て位置につき、『ヨーイ、ドン』の合図でみんな一斉に走り出しました。そしてあんパン目がけてジャンプしますが、なかなかくわえることができません。そのうちに、ウサギさんが上手にジャンプしてあんパンをくわえ、一番にゴールしました。次は、借り物競走です。スタートしたら机のあるところまで走り、そこに置いてある紙を開くと、何かの絵が書いてあります。書いてあるものを運動会を観に来ているお客さんから借りて、ゴールまで走ります。白組のキツネ君は、紙に描いてあった帽子を借りて一番にゴールしました。赤組のパンダさんが見た紙にはサングラスが描いてありましたが、間違えて黒縁の眼鏡を借りてしまい、負けてしまいました。３番目の競技は、いす取りゲームです。みんなの数より１つ少ない数のいすを丸く並べて置き、音楽に合わせてその周りを行進して、音楽が止まったらいすに座ります。座れなかったらゲームから抜けていき、最後まで残ったら勝ちとなります。赤組からはパンダさんとタヌキ君、白組からはクマ君とリスさんが出て、音楽に合わせて行進し始めました。音楽が止まったそのとき、クマ君が勢いよくドスンと座ったので、タヌキ君はその音にびっくりしていすに座ることができませんでした。タヌキ君が抜けて、２回戦が始まりました。音楽が止まったとき、またクマ君が勢いよくドスンと座り、今度はパンダさんが座ることができませんでした。『クマ君が座るときの音はすごいなぁ』とみんなが驚いていると、３回戦はなんと、クマ君が座ることができませんでした。これでいす取りゲームはおしまいです。４番目の競技は、赤組対白組のリレーです。全員が参加し、２匹ずつ走ります。赤組はパンダさん、白組はクマ君が初めに走ります。『ヨーイ、ドン』の合図で走り出し、次の動物にバトンの鈴を渡します。まず白組のクマ君がリスさんにバトンを渡し、赤組のパンダさんは少し遅れてウサギさんにバトンを渡しました。するとウサギさんは白組のリスさんを抜いて、タヌキ君にバトンを渡しました。白組のリスさんがキツネ君にバトンを渡すと、キツネ君は最後にタヌキ君を追い越してゴールし、白組が勝ちました。赤組も白組もみんな頑張って走ったので、運動会を観に来ていたたくさんのお客さんから大きな拍手をもらいました。ここで休憩時間になりました。テントで運動会を観ていた村長さんが、『皆さん、おやつの時間ですよ』と大きな声で言いました。『わーい、おやつだ！』ウサギさんとクマ君、リスさんは急いで村長さんのところへ行きました。『何が入っているのかな？』と、もらった袋の中を見てみると、おいしそうなドーナツとクッキーが入っています。ほかの動物たちは少し遅れて村長さんのところへおやつをもらいに行き、大きなヒマワリが咲いている近くの木陰に座ってみんなで食べました。おやつの時間が終わると、運動会の続きが始まります。『さあ、みんなで頑張ろう！』と声をかけ合って、みんなで森の広場へと向かいました」

プリントを表にして質問を聞く。

・リンゴの段です。このお話の季節の、次の次の季節の絵に○をつけましょう。
・バナナの段です。パン食い競走で勝った動物に○をつけましょう。
・ブドウの段です。いす取りゲームで最後まで残って勝った動物に○をつけましょう。
・イチゴの段です。借り物競走でキツネ君が借りてきたものに○をつけましょう。
・ミカンの段です。リレーで初めに走った動物に○をつけましょう。
・洋ナシの段です。リレーでバトンに使ったものに○をつけましょう。
・メロンの段です。動物たちが村長さんのところにおやつをもらいに行ったとき、遅れていった動物は何匹でしたか。その数だけ、星印に1つずつ○をつけましょう。
・サクランボの段です。動物たちがおやつを食べたのはどこでしたか。バラの近くの木陰だと思ったら丸に、大きなヒマワリの近くの木陰だと思ったら三角に、テントの中だと思ったらハートに、アサガオの近くの木陰だと思ったらダイヤに○をつけましょう。

3 推理・思考（進み方）（男子）

プリントが3枚配付される。1枚目（3－A）は、上のお約束を見ながら下の星のついた例題をテスターと一緒に行ってやり方を確認する。その後、3－Aをお約束だけが見えるようにして折り、それを見ながら2枚目（3－B）、3枚目（3－C）を行う。

・黒い丸はハチ、白い丸はお花です。上の四角がお約束で、サクラは真っすぐ上に進んで右上に曲がります。黒いお花は真っすぐ上に進んで左上に曲がります。ヒマワリは右下に曲がってから真っすぐ下に進みます。チューリップは左下に曲がってから真っすぐ下に進みます。コスモスは右下に曲がってから右上に進みます。ではハチが今いるところから、左側に並んだお花の順番でお約束通りに進んだとき、最後にピッタリお花にたどり着けるものはどれですか。それぞれの段から１つ選んで○をつけましょう。

4 推理・思考（重ね図形）（女子）

プリントが３枚配付される。１枚目（4－A）は、上のお約束を見ながら下の星のついた例題をテスターと一緒に行ってやり方を確認する。その後、4－Aをお約束だけが見えるようにして折り、それを見ながら２枚目（4－B）、３枚目（4－C）を行う。

・透明な紙に、ところどころが黒く塗られたマス目がかいてあります。上のお約束のように、スペードのときはそのマス目をパタンと下に倒し、ダイヤのときはパタンと右に倒します。では、左側にあるマス目をお約束通りにパタンと倒して重ねたとき、すべてのマス目が黒くなるのは右のどのマス目ですか。それぞれの段から１つ選んで○をつけましょう。黒いマス目と黒いマス目が重なったときは、そのまま黒いマス目になります。

集団テスト

制作・巧緻性（メダル作り）（男女共通）

机の引き出しの中に道具箱が用意されている。道具箱の中には、直径約16cmの丸がかかれた台紙（２ヵ所に穴が開いている）、折り紙（男子は茶色、女子は赤）、約45cmの長さの綴じひも（黄色）、スティックのり、はさみ、のりづけの下敷き用の紙が入っている。道具箱を取り出し、中の台紙を丸い線に沿ってはさみで切る。折り紙を折り（男子はイヌ、女子はチューリップ）、丸く切り取った台紙を２ヵ所に開いた穴が上になるように置いて、その上にスティックのりで貼りつける。台紙の２ヵ所の穴に裏から綴じひもを通し、前でチョウ結びにする。できあがったら机の右上に置き、使った道具とゴミを道具箱の中にしまう。

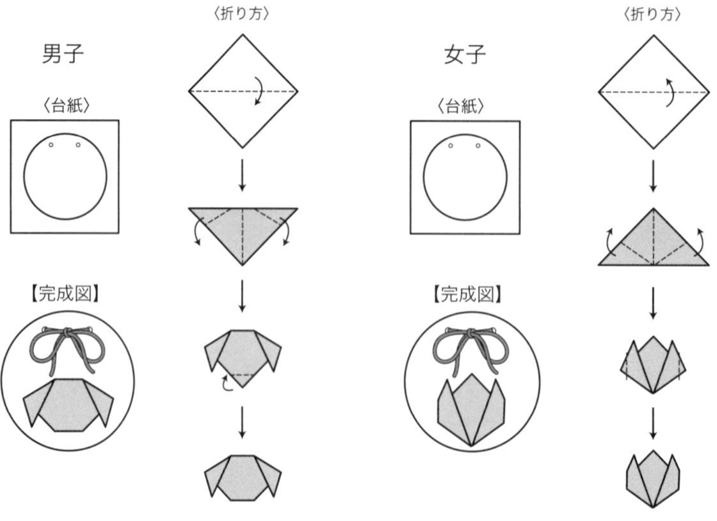

行動観察（凝念）（男女共通）

いすに座ったまま行う。おへその前に手で「桃の実」の形を作り、鐘が２回鳴ったら目を閉じ、１回鳴ったら目を開ける。

考査：2日目

集団テスト

３グループ（青、黄色、ピンク）で行う。

集団ゲームⅠ

下記のいずれかを行う。

（進化ジャンケンゲーム）
体をかがめて小さくしゃがみ、卵になる。そのまま歩き、相手を見つけてジャンケンをする。勝ったら立ち上がって両手をチョキにしてカニになり、負けたら卵のままでいる。それぞれ自分と同じ状態の相手を見つけてまたジャンケンをし、負けたら１つ前の状態に戻ってしまうが、勝つたびに卵からカニ、カニから鳥（右手を口元で口ばしのようにし、左手は腰の後ろで尾羽のように上下に揺らす）、鳥からゴリラ（胸を両手でたたく）、ゴリラから人間に進化する。人間になったら行進して指定された場所に行き、体操座りをして待つ。ジャンケンの相手を探すときは走ってはいけない。

（グーパー入れ替えゲーム）
片方の手を前に出してパーに、もう片方の手を胸のところでグーにするというお約束で、初めに右手を前にする。テスターの掛け声に合わせて、左右の手を交互に前に出す。テスターが手を１回たたくたびに、前に出す手と胸のところの手のグーとパーを入れ替える。「やめ」と言われるまでくり返す。

集団ゲームⅡ（ジェスチャーゲーム）

グループごとに、さらに３、４人ずつに分かれて行う。大きなフープの周りに間隔を空けて立つ。１人が「これは何でしょう」と言ってジェスチャーで表し、ほかの子が当てる。ジェスチャーをする人やその順番、やり方などはお友達と相談して決める。

運動テスト

３グループ（青、黄色、ピンク）で行う。

かけっこ

青い線からスタートする。コーンの外側を左回りで走って戻る。

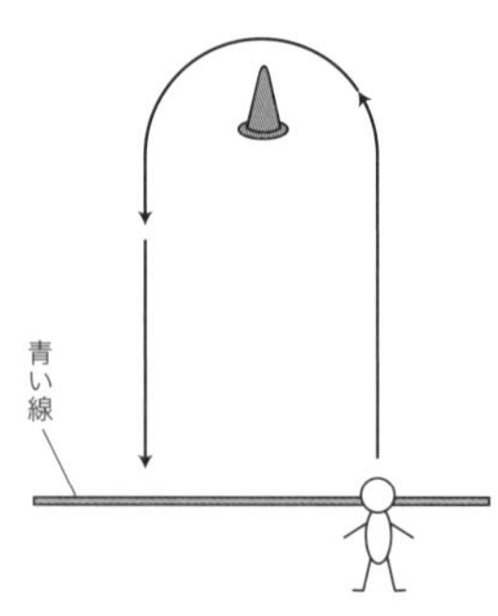

ドリブル

青い線からスタートする。ボールをつきながら、大きなコーンと小さなコーンの間を左回りで回って戻る。そのまま青い線を越えて、同じように反対側にある大きなコーンと小さなコーンの間を右回りで回り、青い線まで戻る。２周続けて行い、ボールをつく手は途中で替えてもよい。また途中でボールが転がったらテスターからボールをもらい、そこから続けて行う。

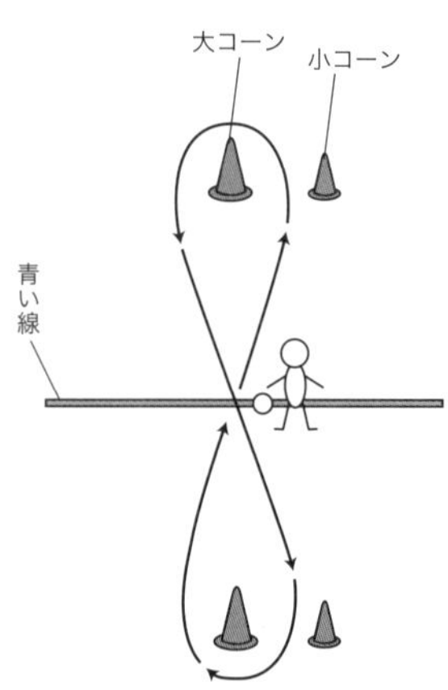

ボール投げ

１辺が２ｍほどの真四角の青い線の中から、５～７ｍ離れた場所にいるテスターに向かってボール（軟らかくハンドボールほどの大きさ）を投げる。２回行い、距離を測る。

保護者面接

下記の質問項目を父親、母親に聞く。その回答を踏まえて質問が発展したり、他方にも同じ内容が問われたりする。また、家庭調査書（面接資料）に記入した内容について聞くこともある。

保護者

・「たくましさ」とはどのようなことだとお考えですか。（発展した質問がある）
・本校の建学の精神で共感できることは何ですか。
・本校の教育理念で共感できることは何ですか。
・本校とご家庭との教育方針で、どのような点が合っていると思いますか。
・本校で一番興味のある教科は何ですか。
・本校でお子さんにどのようなことを学ばせたいですか。

・本校でお子さんのどのようなところを伸ばしていきたいですか。
・ご家族の中で大事にしていることは何ですか。

面接資料／アンケート

Ｗｅｂ出願後に家庭調査書（面接資料）を郵送する。以下のような項目がある。

・志願者氏名、性別、生年月日、現住所、電話番号。
・保護者氏名、続柄。
・志願者の保育歴および性格。
・志願者の写真を貼付。
・志願の理由。
・通学経路と所要時間。

1 — A

1
|
B

2

3
|
A

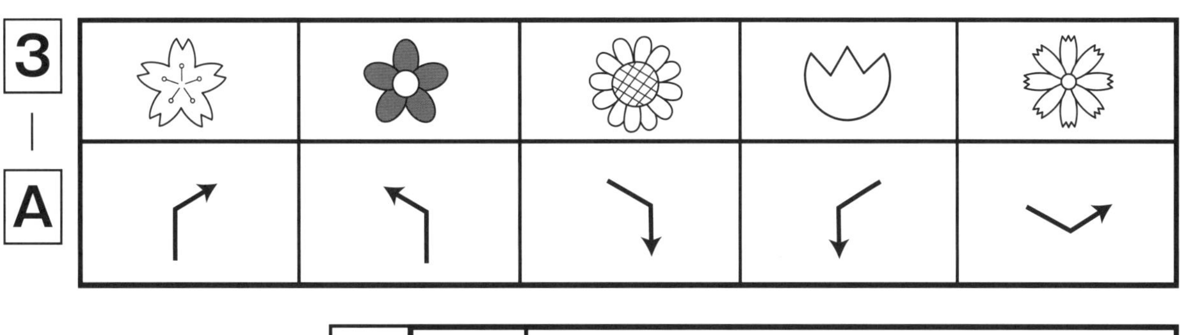

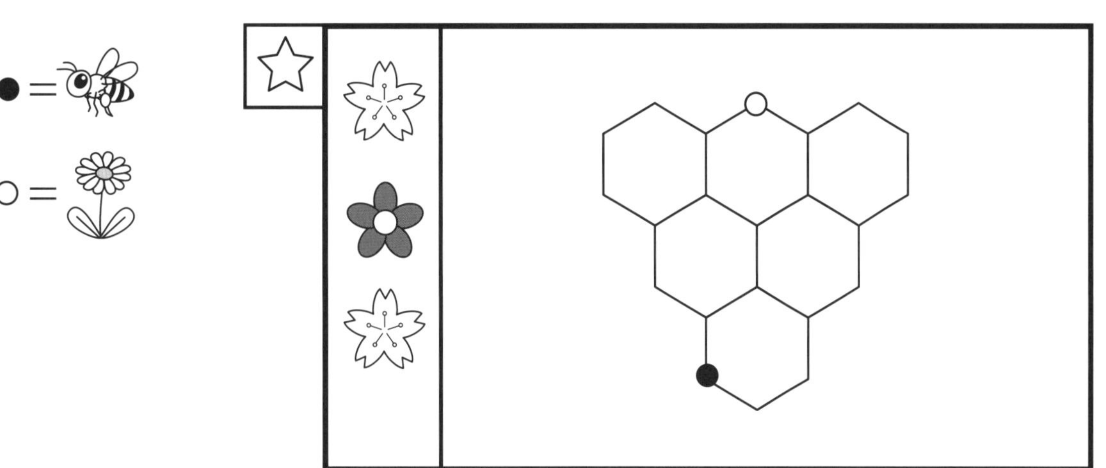

B

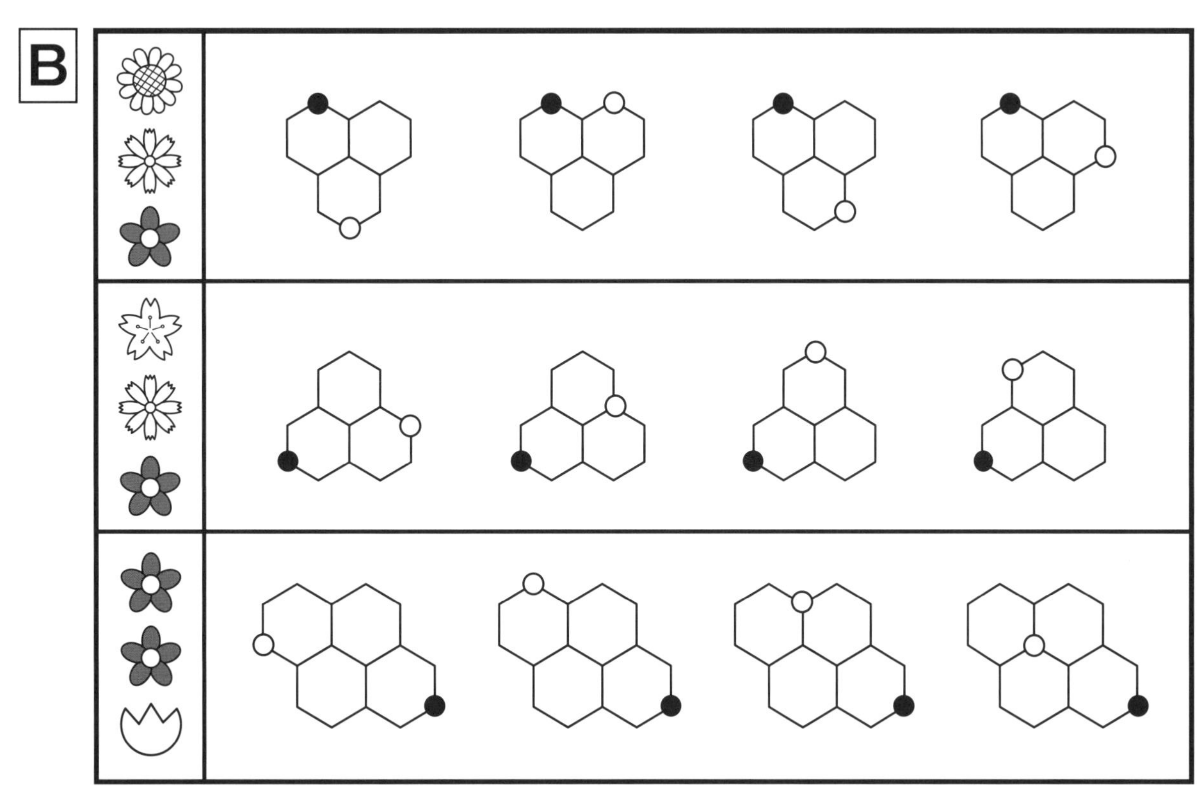

3
—
C

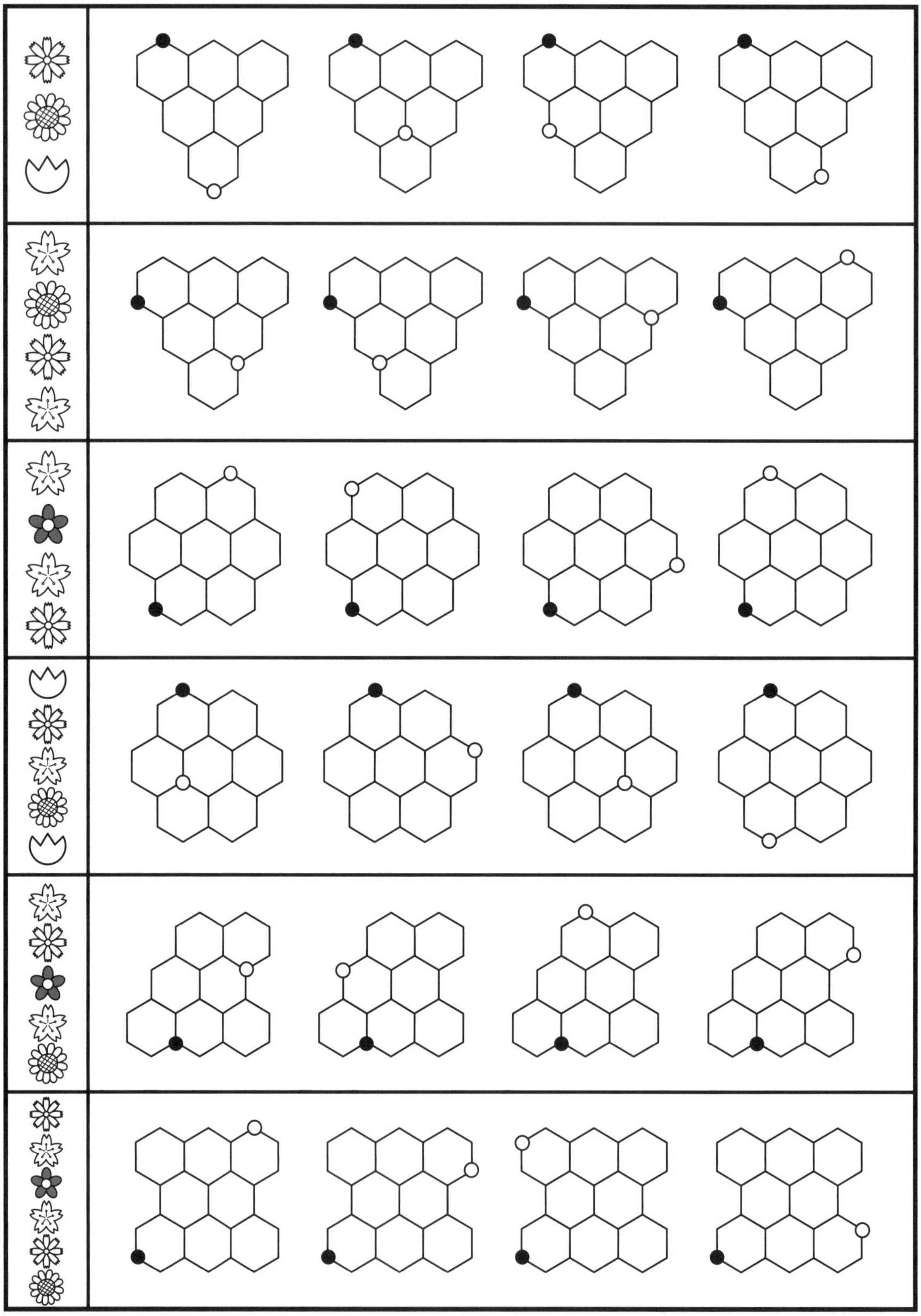

4

A

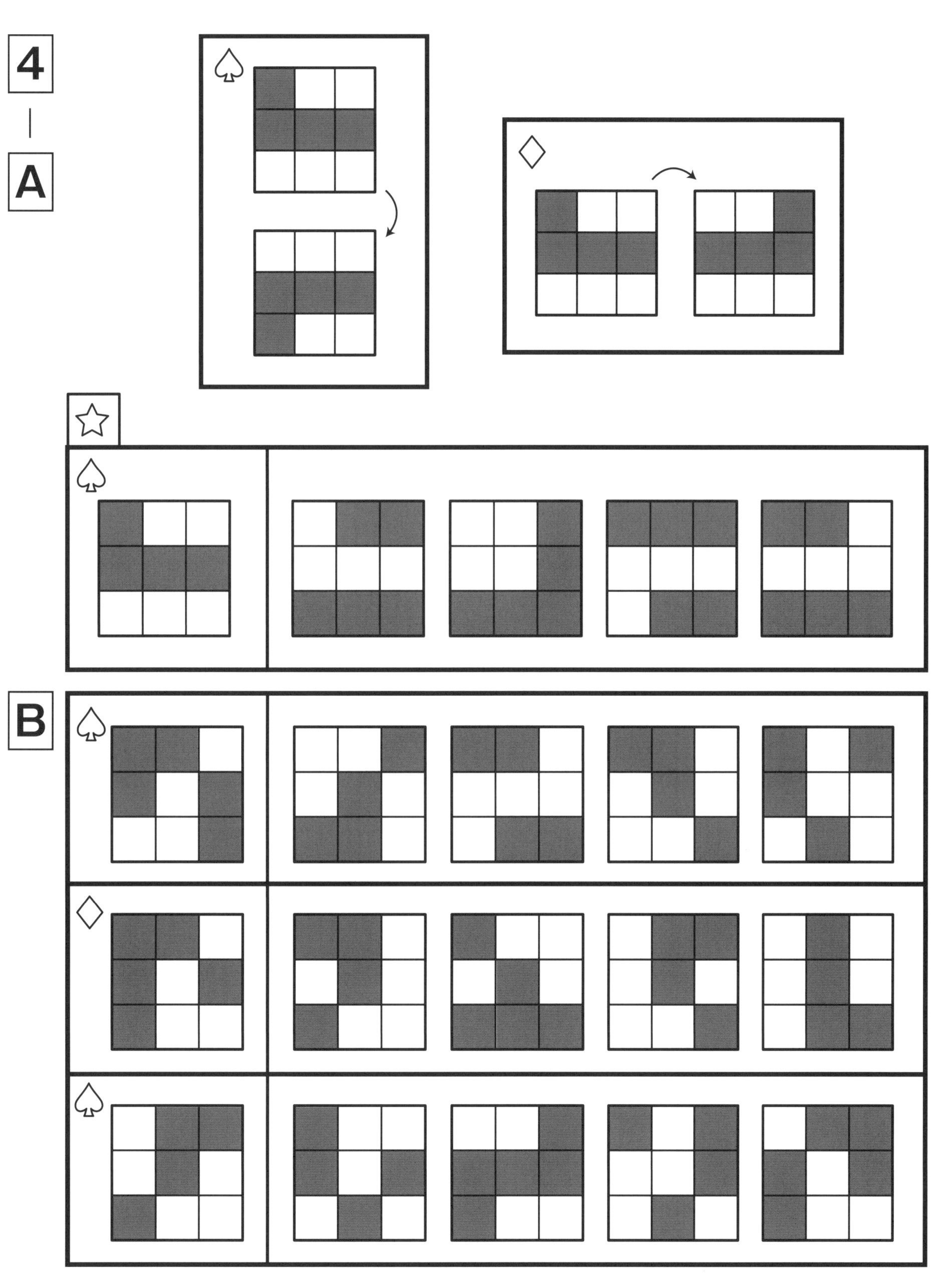

B

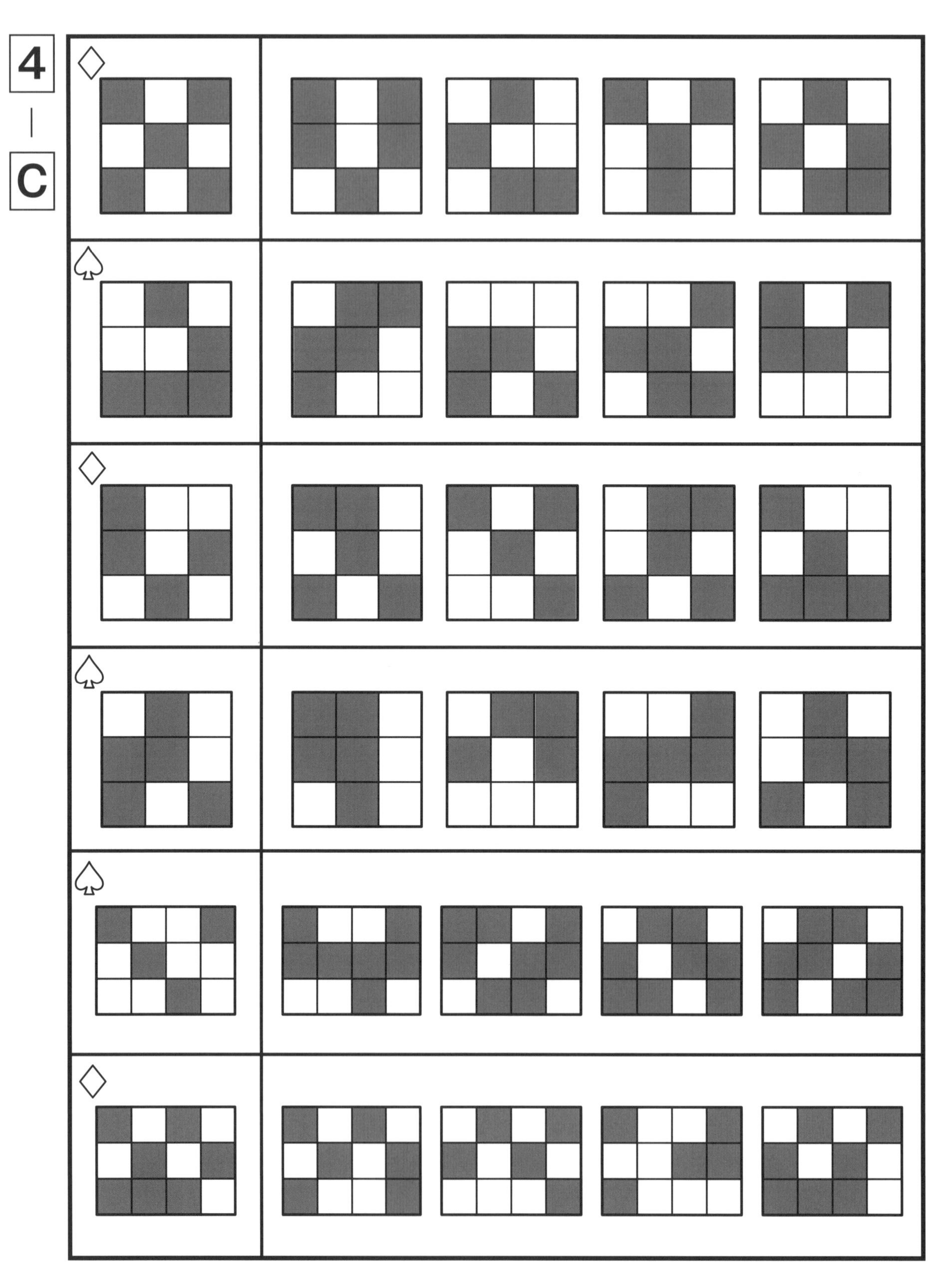

section
2020　成蹊小学校入試問題

選抜方法

考査は２日間で、１日目は午前に男子、午後に女子の考査が行われる。男女それぞれＡとＢの２グループに分けられ、10～15人単位でペーパーテストと集団テストを行う。２日目は体育館で男女混合のグループに分かれて集団テストと運動テストを行う。所要時間は１日目、２日目とも約１時間30分。２日目の考査と並行して保護者面接がある。

考査：１日目

ペーパーテスト

筆記用具は青のフェルトペンを使用し、訂正方法は＝（横２本線）。出題方法は話の記憶のお話のみテレビからの音声（映像、画像なし）で、ほかは口頭。男女により問題が異なる。

1　話の記憶（男子）

プリントを裏返しにしたままお話を聞く。

「ある土曜日のことです。けんと君と、小学１年生のお姉さんのゆりさんは、お母さんがお買い物に行く間、２人でお留守番をすることになりました。２人は、まず折り紙で遊びました。けんと君は、ゆりさんに折り方を教えてもらいました。折り紙を三角に１回折り、さらにもう１回折って小さな三角を作りました。何ができるのかな、とけんと君が楽しみにしていると、１回開いて、ツノのような形になるように三角の右と左を折り上げました。『いいものができたね。もっと作ろう』。ゆりさんは同じ色の折り紙を全部で２枚、けんと君は違う色の折り紙を全部で３枚使いました。その後、けんと君とゆりさんは積み木で遊びました。真四角の積み木を４つ置き、その上に長四角の積み木を１つ置いて、最後に三角の積み木を載せてお家を作りました。お昼になると、お母さんが作ってくれたお弁当を食べました。お弁当箱の中には、から揚げ、ブロッコリーの入ったサラダ、おにぎりが入っていました。ゆりさんはまずおにぎりを食べ、おかずを残さず全部食べました。けんと君は緑色の野菜を全部残していたので、ゆりさんにしかられてしまいました。その後けんと君は頑張って残さず食べて、空になったお弁当箱を台所に持っていきました。するとそこで、お母さんからの手紙を見つけました。手紙には『お家のどこかに、カードを４枚隠しています。カードを全部見つけて並べてみてね。そうすると、お母さんが買ってくるお土産が何かわかりますよ』と書いてありました。２人はさっそく、４枚のカードを探し始めました。１枚目はけんと君が、カーテンの裏にあるのを見つけました。そのカードには『や』とかいてありました。２枚目はゆりさんが机の引き出しから見つけ、『ら』とかいてありました。３枚目はけんと君がクッションの下から見つけ、『ど』とかいてありました。

4枚目のカードを2人で探していると、お母さんが『カードは全部見つかったかしら』とお土産を持って帰ってきました」

プリントを表にして質問を聞く。

・リンゴの段です。折り紙を折って作ったものは何だと思いますか。その絵を選んで○をつけましょう。
・イチゴの段です。2人が折り紙で折ったものは何個でしたか。その数だけ星に1つずつ○をつけましょう。
・ブドウの段です。2人で作った積み木のお家はどれですか。合う絵に○をつけましょう。
・ミカンの段です。お母さんが買ってきてくれたお土産は何だったと思いますか。合う絵に○をつけましょう。
・クリの段です。「ら」のカードを見つけた場所に○をつけましょう。
・ナシの段です。このお話の次の日は何曜日ですか。月曜日なら丸、火曜日だと思ったらハート、日曜日なら三角、木曜日だと思ったら星に○をつけましょう。
・メロンの段です。ゆりさんが最初に食べたものに○をつけましょう。
・スイカの段です。けんと君が最初は残していたものに○をつけましょう。
・カキの段です。折り紙で折ったものと同じ季節の花に○をつけましょう。

2 話の記憶（女子）

2－Aを見ながらお話を聞き、お話が終わると2－Aは回収される。

「ヘビ君が長い眠りから覚めて、土の中から出てきました。久しぶりに会ったネズミさんとサル君と一緒に、不思議な木で木登りしようとそこまで散歩することになりました。楽しそうに散歩している3匹の様子を、空からカラスさんが見ていました。道を進んでいくと、三角屋根のお家が右側に見え、そして川を見ながら真っすぐ進むと看板がありました。看板には『右に進むと不思議な木があります』と案内が書いてありましたが、サル君が『このまま真っすぐ行ってみよう』と言ったので、ヘビ君はサル君の後をついて行きました。ネズミさんは不安に思い『そっちへ行くのはやめた方がいいんじゃないかな』と言いましたが、サル君とヘビ君はネズミさんの言うことを聞かずにどんどん進んでいってしまったので、ネズミさんも仕方なくついていきました。少し歩くと池があって、道は行き止まりになっていました。3匹は看板のある場所まで戻りました。『1羽なのに2羽いる鳥は何だ』とネズミさんがなぞなぞを出しながら、今度は看板の案内通りに道を進んで川を渡りました。少し歩くと、不思議な木のところに着きました。ヘビ君とネズミさんとサル君はさっそく木登りを始めました。サル君はネズミさんよりも早く、ヘビ君はサル君よりも早く木に登りました。そして3匹が木から降りて、休憩をしていたときのことです。『おなかがすいたな』とサル君が言うと、木の上からアメが降ってきてサル君に当たりました。その後、ヘビ君にはチョコレートが、ネズミさんにはクッキーが、それぞれ降ってきて当たりました。3匹がびっくりしていると、今度はヘビ君にケーキが降ってきました。『今日は僕の誕生日だ』とヘビ君はうれしそうに言いました。それを聞いたネズミさんは、今度は自分の誕生日に不思議な木に遊びに来たいなと思いました」

2－Bのプリントを見ながら質問を聞く。

・リンゴの段です。ネズミさんが出したなぞなぞの答えは何ですか。合う絵に○をつけましょう。
・ブドウの段です。3匹は川をどうやって渡りましたか。合う絵に○をつけましょう。
・バナナの段です。サル君が真っすぐ進もうと言ったとき、ネズミさんはどのような様子だったと思いますか。笑っていたと思ったら丸、心配していたと思ったら三角、泣いていたと思ったら四角、怒っていたと思ったら星に○をつけましょう。
・クリの段です。3匹が不思議な木まで行く途中、2番目に見たものは何でしたか。合う絵に○をつけましょう。
・スイカの段です。不思議な木からネズミさんがもらったものに○をつけましょう。
・メロンの段です。不思議な木からはいくつお菓子が降ってきましたか。その数だけ星に1つずつ○をつけましょう。
・サクランボの段です。誰が一番早く木に登りましたか。合う絵に○をつけましょう。
・パイナップルの段です。お話に出てきてお話をしなかった生き物はどれですか。合う絵に○をつけましょう。
・イチゴの段です。このお話と同じ季節の花に○をつけましょう。

3 推理・思考（進み方）（男子）

プリントが2枚配付される。1枚目の1段目にお約束と例題があり、テスターと一緒に行ってやり方を確認する。1枚目を解き終わったらお約束だけが見えるようにして折り、それを見ながら2枚目を続けて行う。

・上の四角にお約束がかいてあります。サルは今いるところから上下左右、斜め右上、斜め左上、斜め右下、斜め左下のどれかの方向に1つずつ進めます。丸は上下左右のどれかの方向に1つずつ進めます。星は上に1つ、ひし形は下に1つ、三角は右に1つ、四角は左に1つずつ進めます。ただし、黒いマス目にぶつかったら、そこから先に進むことはできません。では、サルが今いるところからお約束通りに進んでバナナのマス目まで行けるものはどれですか。それぞれの段から1つ選んで○をつけましょう。

4 観察力（同図形発見）（女子）

プリントが2枚配付される。1枚目が終わったら2枚目を行う。1枚目の一番上の問題は例題としてテスターと一緒に行う。

・左端がお手本です。お手本と同じものを右の中から選んで○をつけましょう。向きが変わっているものもあります。

5 点図形（男女共通）

両面に印刷されたプリントが１枚配付される。表（クマの絵が描かれた面）を練習として行った後、裏を行う。

・上のお手本と同じになるように、すぐ下にかきましょう。もし間違えたら、２本線で消さずにさらにその下にかき直しましょう。

集団テスト

巧緻性・生活習慣（男女共通）

机の引き出しにある道具箱の中から、Ａ４判のクリアフォルダを取り出す。5の点図形のプリントをクマの絵が見えるように折り、クリアフォルダに入れる。その後クリアフォルダを道具箱に戻す。

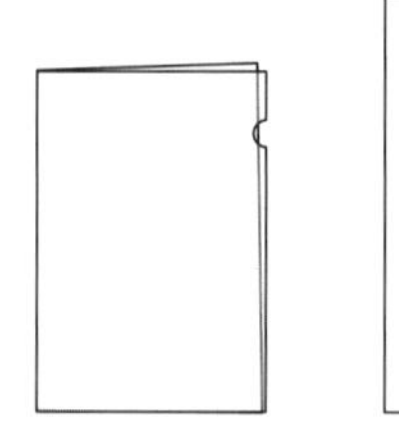
A4 判クリアフォルダ

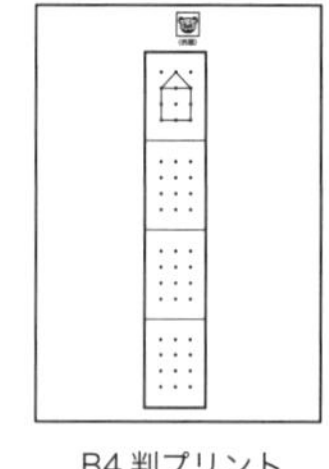
B4 判プリント

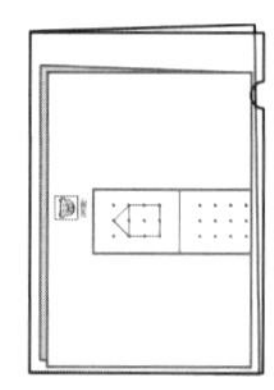

生活習慣（男女共通）

大豆がたくさん入った深めの紙皿、空の透明なプラスチックカップ（大）が机の上に置かれている。着席したまま、木製のはし（約18cmの長さで先端に溝が数本入ったもの）を使って大豆をプラスチックカップに移す。紙皿に手を添えてもよいがプラスチックカップに触ってはいけない、落とした大豆はそのままにしておくというお約束がある。

行動観察（凝念）（男女共通）

おへその前に手で「桃の実」の形を作り、鐘が２回鳴ったら目を閉じ、１回鳴ったら目を開ける。

考査：2日目

集団テスト

14～20人ずつの３グループ（青、黄色、ピンク）で行う。

集団ゲームⅠ

下記のいずれかを行う。

（ジャンケン列車）
「線路は続くよどこまでも」の音楽に合わせて行進する。テスターが音楽の途中で「ピー」と言ったらその場で止まり、両手を上げてキラキラのポーズをする。「ドン」と言ったら、手を胸に合わせてしゃがむ。「ジャンケン」と言ったら、お友達を探してジャンケンをする。ジャンケンに負けたら、勝った子の後ろにつき肩に手を乗せて行進を続ける。音楽が終わるまでくり返す。

（落ちた落ちたゲーム）
テスターが「落ちた落ちた」と言ったら、「何が落ちた」と子どもたちが返す。テスターが「モモ」と言ったら、ボールをキャッチするように両手を前に出す。「帽子」と言ったら、両手を頭の上に置く。「雷」と言ったら、おへそを両手で隠す。「お相撲さん」と言ったら、「ドスコイドスコイ」と言いながらお相撲さんのまねをする。「流れ星」と言ったら、右手を上から斜め下に下ろす。「隕石」と言ったらお友達と２人組になって手をつなぐ。また、「隕石とお相撲さん」「帽子と雷」など２つ合わせて言われたら、その動きを続けて行う。

集団ゲームⅡ

さらに７～10人単位のグループに分かれ、下記のいずれかを行う。

（ボール回しゲーム）
オニ役の人を囲むように輪になって、ドッジボールを隣の人に手渡していく。オニが「ゴロゴロ」と言ったら右回りにドッジボールを送り、「ピカピカ」と言ったら左回りにドッジボールを送り、オニが「ドッカーン」と言ったらそのときドッジボールを持っていた人にオニ役を交代する。「やめ」と言われるまでくり返し行う。ドッジボールは次の人にしっかり手渡す、オニは手で目を隠すというお約束がある。

（ジャンケンバスケット）
オニ役の人を囲むように輪になって、各自に用意された小さいマットの上に体操座りをする。オニが「ジャンケンバスケット、ジャンケンポン」と言ったら、周りの人が好きなジャンケンの手を出す。オニがジャンケンの手を１つ言い、同じ手を出していた人は立ち上がって移動し別のマットに体操座りをする。オニも空いているマットに体操座りで座り、座れなかった人がオニになる。また、オニがジャンケンの手ではなく「ジャンケンバスケット」と言ったときは全員が動くというお約束がある。

生活習慣

運動テストの後に給水時間がある。７～10人単位のグループに分かれて行う。１人１枚ずつ配られたウェットティッシュで手をふく。青、黄色、ピンクの各グループの机の上に水の入ったペットボトルと紙コップが置かれており、各自が紙コップに水を注いで飲む。使い終わったウェットティッシュと紙コップはゴミ箱に捨てる。

運動テスト

３グループ（青、黄色、ピンク）で行う。待っている間は指示された線のところで体操座りをする。

準備体操

ひざの屈伸、腕回しなどを行う。

かけっこ

青い線からスタートする。２つあるコーンの外側を左回りで走って戻る。そのまま青い線を越えて、反対側に２つあるコーンの外側を左回りで走り、青い線を走り抜けて止まる。

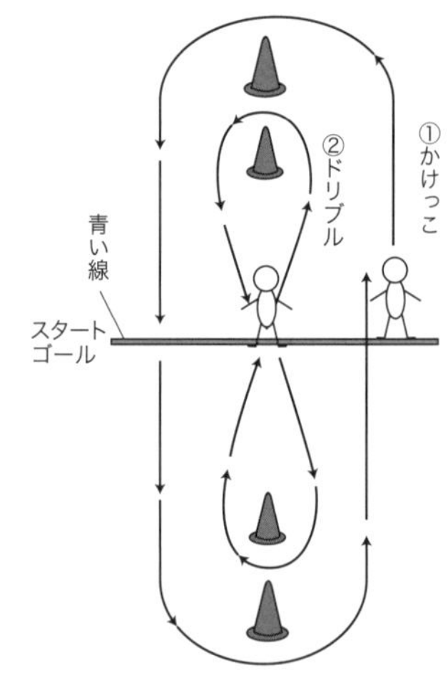

ドリブル

青い線からスタートする。ボールをつきながら大きなコーンと小さなコーンの間を左回りで回って戻る。そのまま青い線を越えて、反対側にある大きなコーンと小さなコーンの間を右回りで回り、青い線まで戻る。途中で手を替えてボールをついてもよい。また途中でボールが転がったらテスターからボールをもらい、そこから続けて行う。

ボール投げ

１辺が２ｍほどの真四角の青い線の中から、５～７ｍ離れた場所にいるテスターに向かってボール（軟らかくハンドボールほどの大きさ）を投げる。２回行い、距離を測る。

保護者面接

下記の質問項目を父親、母親に聞く。その回答を踏まえて質問が発展したり、他方にも同じ内容が問われたりする。また、家庭調査書（面接資料）に記入した内容について聞くこともある。

保護者

- 本校の説明会、オープンスクールへは何回いらっしゃいましたか。（発展した質問がある）
- ご覧になった学校行事で一番印象に残ったものは何ですか。どのようなことが印象に残っていますか。
- 本校は行事が多いですが、どの行事に注目されていますか。
- 本校の建学の精神について、どのようにお考えですか。
- 本校の建学の精神に共感できることは何ですか。
- 本校の建学の精神はいくつかありますが、ご家庭の教育方針とどのような点が合っていると思いますか。
- 本校で興味のある教科は何ですか。
- お子さんが楽しみにしている教科は何ですか。
- お子さんには本校では何を学ばせたいですか。
- お子さんの個性で伸ばしたいところをお話しください。
- ご家族の中で大事にしていることは何ですか。

面接資料／アンケート

出願時に家庭調査書（面接資料）を提出する。以下のような項目がある。

- 志願者氏名、性別、生年月日、現住所、電話番号。
- 保護者氏名、続柄。
- 志願者の保育歴および性格。
- 志願者の写真を貼付。
- 志願の理由。
- 通学経路と所要時間。

1

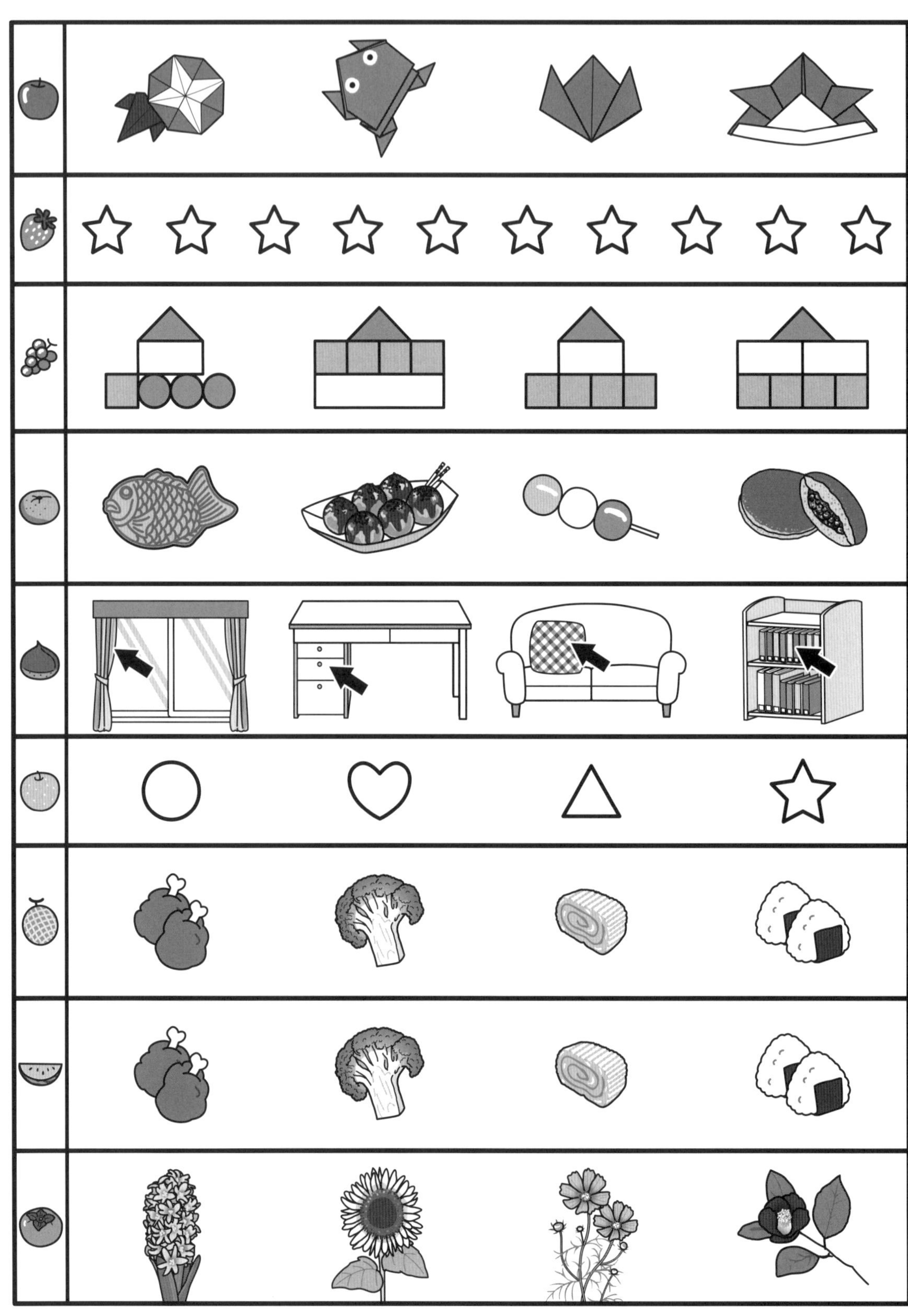

2
|
A

2
—
B

3

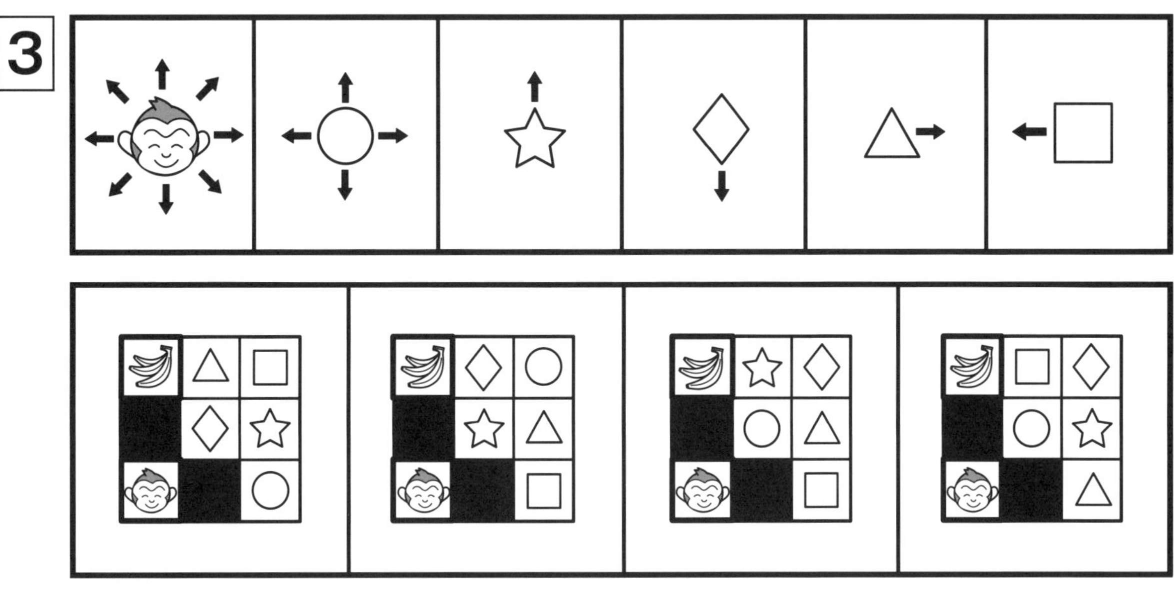

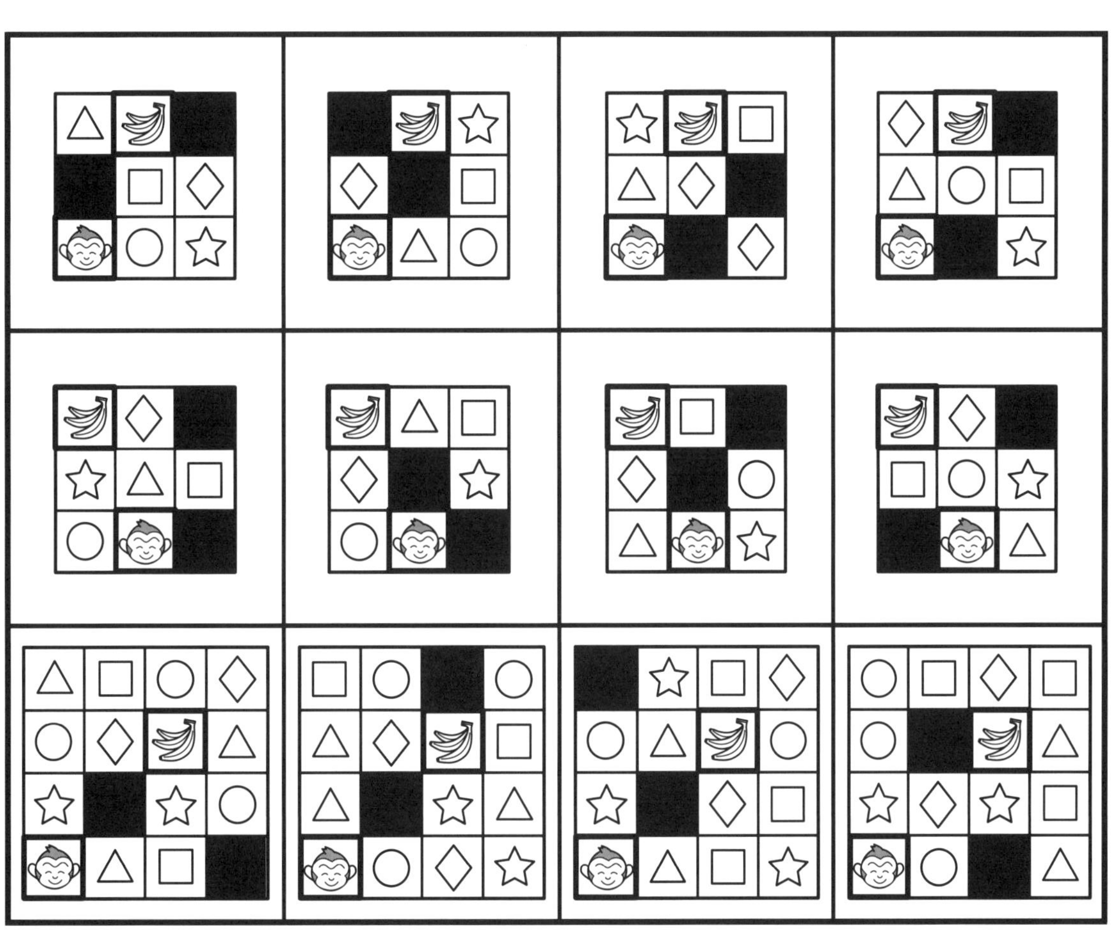

3

4

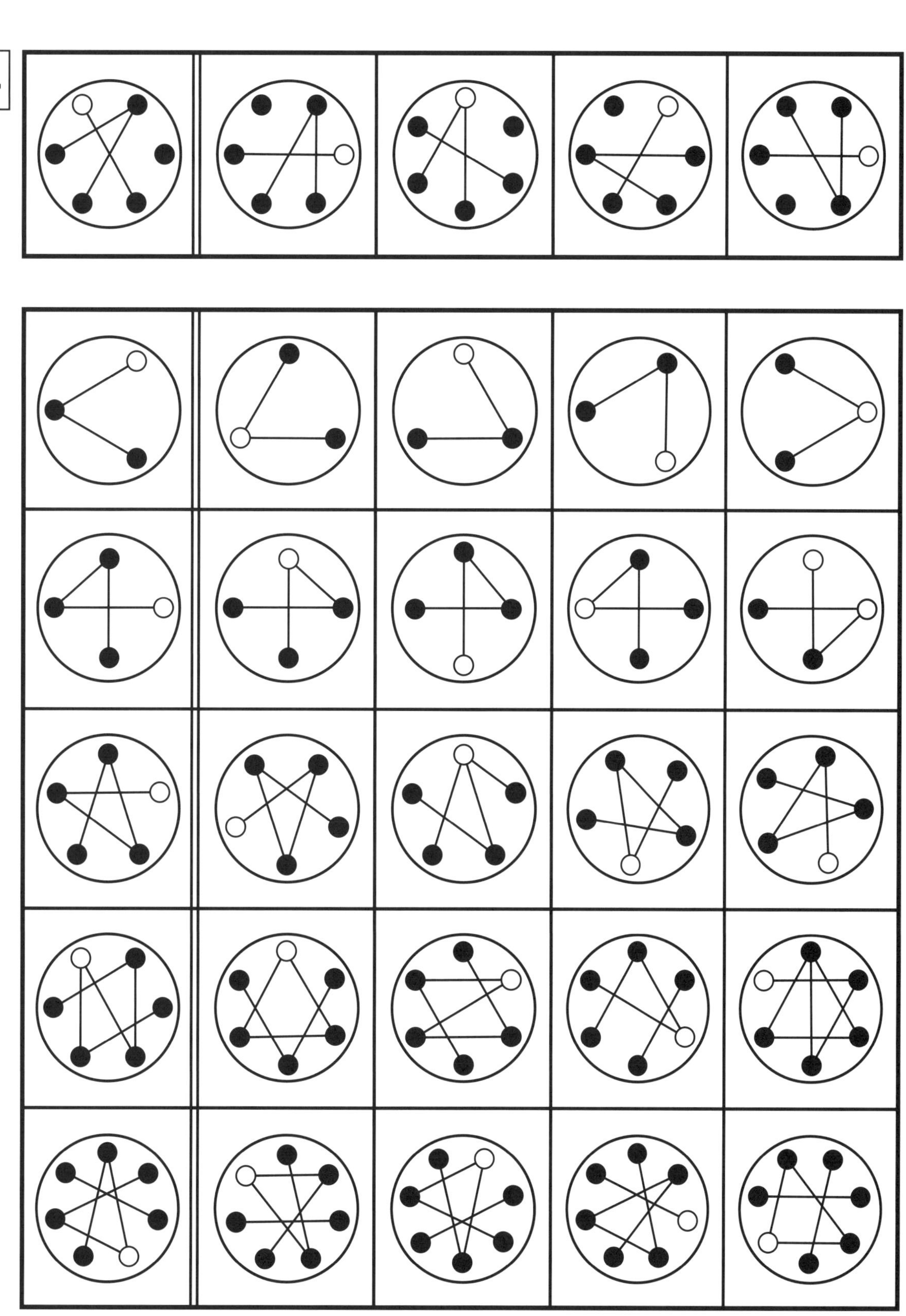

4

5 表 〈例題〉 裏

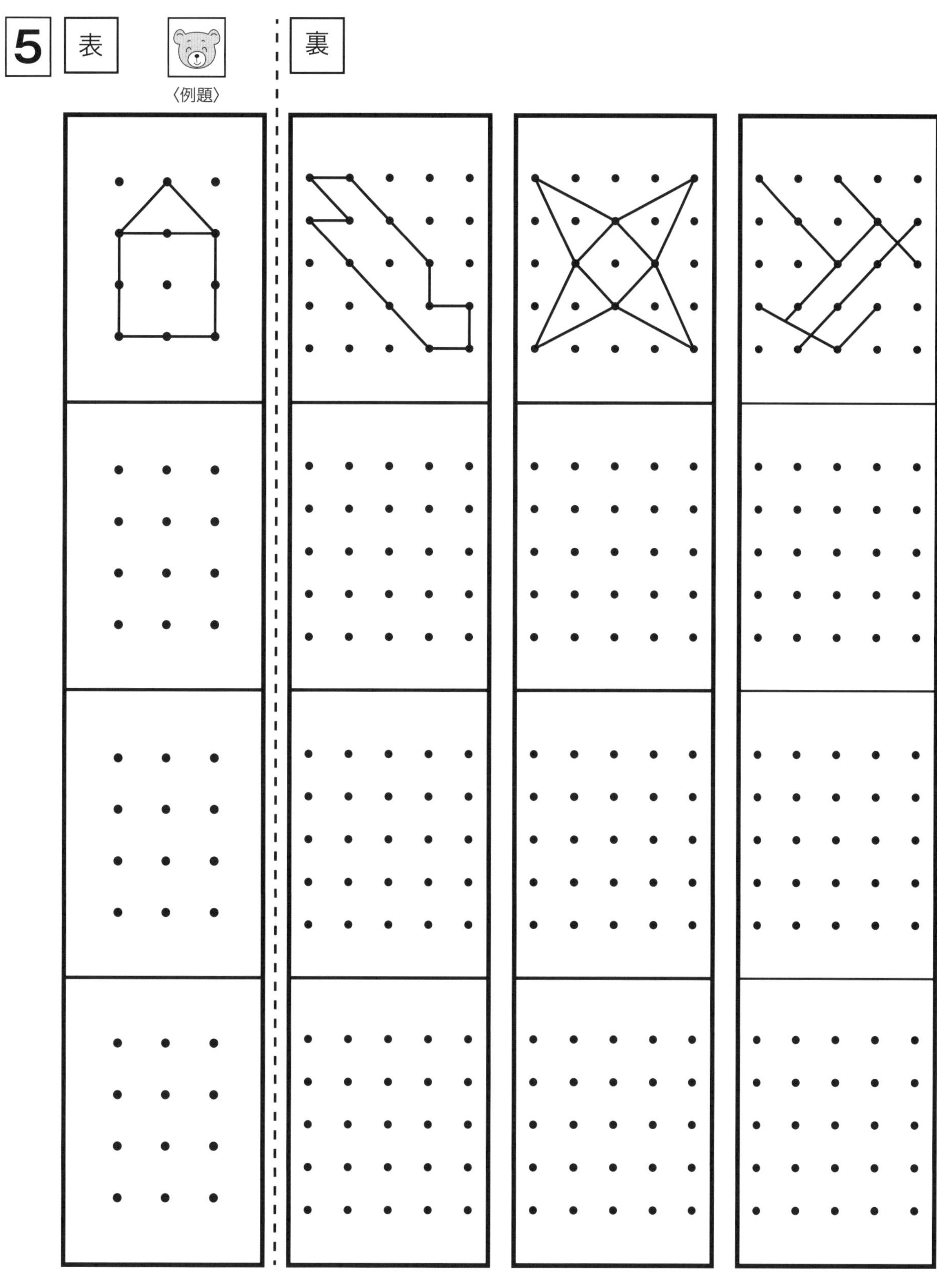

2023 2022 2021 2020 2019 2018 2017 2016 2015 2014

section
2019　成蹊小学校入試問題

選抜方法

考査は２日間で、１日目は午前に男子、午後に女子の考査が行われる。男女それぞれＡとＢの２グループに分けられ、10～15人単位でペーパーテストと集団テストを行う。２日目は体育館で男女混合の10～15人単位で運動テストを行った後、５～10人単位で集団テストを行う。所要時間は１日目、２日目とも約２時間。２日目の考査と並行して保護者面接がある。

考査：１日目

ペーパーテスト

筆記用具は青のフェルトペンを使用し、訂正方法は＝（横２本線）。出題方法は話の記憶のお話のみテレビからの音声（映像、画像なし）で、ほかは口頭。男女により問題が異なる。

1　話の記憶（男子）

プリントを裏返しにしたままお話を聞く。

「タヌキのポンタ君は、これからカキの木があるおばあちゃんのお家に遊びに行きます。野球帽をかぶり、縦じま模様のTシャツに半ズボンをはいて、お母さんが焼いてくれたクッキーをお土産に持ちました。『行ってきます』と元気にお家を出ると、あたりにはセミの鳴き声が響いています。道路の渡ってはいけないところを渡ろうとすると、ゴリラの運転手さんが運転する車にぶつかりそうになり、『こらー、危ないじゃないか』としかられました。すると、電柱についているスピーカーから『ここを渡ったら危ないんだよ。面倒くさがらずに階段を上って渡った方がいいんだよ』という声が聞こえてきました。『そうだな、危ないから階段を上っていこう』とポンタ君はつぶやきながら階段を上って道路を渡り、駅へ向かいました。ポンタ君が駅に着くと、もう電車が発車するところでした。ポンタ君は、間に合わないと思って泣きそうになり、走って乗ろうとしました。すると駅員さんに『こらー、ホームを走ったら危ないじゃないか』としかられました。『走れば間に合うんだから、いいんだよ』という心の中の悪いポンタ君の声に負けそうになったけれど、『危ないことはしないで、次の電車に乗った方がいいよ』という心の中のよいポンタ君の声に押されて、次の電車を待つことにしました。次の電車がホームに入ってきて、中を見ると、席が空いているようです。ポンタ君は『座りたいな』と思いながら乗りました。無事座ることができましたが、後からヤギのおじいさんが乗ってきたので、ポンタ君は席を譲ってあげました。ヤギのおじいさんから『ありがとう』とお礼を言われてポンタ君はうれしい気持ちになりました。電車がおばあちゃんのお家のある駅に着き、駅から歩いておばあちゃんのお家へ向かいました。『お土産だよ』とお母さんが焼いたクッキーをおばあちゃんに渡し、一緒に食べたりしていると、あっという間にお家に帰る時間になりました。おばあちゃんがイチゴのケーキをお土産に用意してくれていたので、ポンタ君はそれをもらって帰りました」

プリントを表にして質問を聞く。

・イチゴの段です。今聞いたお話の、前の季節は何ですか。合う絵に○をつけましょう。
・ブドウの段です。ポンタ君はどのような格好でしたか。合う絵に○をつけましょう。
・メロンの段です。お母さんがお土産に持たせてくれたものに○をつけましょう。
・クリの段です。ポンタ君は何回しかられましたか。その数だけ星に1つずつ○をつけましょう。
・ナシの段です。ポンタ君が渡ろうとして、しかられた場所はどこだと思いますか。合う絵に○をつけましょう。
・リンゴの段です。ポンタ君が渡った方がいいよと言われ、渡ったのは何ですか。合う絵に○をつけましょう。
・サクランボの段です。ポンタ君が駅員さんにしかられたのはどうしてですか。合う絵に○をつけましょう。
・カキの段です。ポンタ君が電車の中でしたことに合う絵に○をつけましょう。
・ミカンの段です。おばあちゃんがお土産に持たせてくれたものに○をつけましょう。

2 話の記憶（女子）

プリントを裏返しにしたままお話を聞く。

「けんた君はお父さんのことが大好きな男の子です。お父さんは指揮者というお仕事で、楽器を演奏する人のまとめ役をしています。お休みの日にはけんた君に楽器を教えてくれます。（トランペットの音が聞こえてくる）今日は、おばあちゃんがけんた君のお家に遊びに来ます。けんた君は楽器の練習が終わった後、お母さんがお出かけでいないので、お父さんと一緒におばあちゃんの好きな肉じゃがを作ります。材料はジャガイモ、ニンジン、タマネギ、インゲンそして牛肉です。お父さんが『作る前に、野菜の中でどれが一番重いか、量りを使って調べてみようか』と言ったので、さっそく量ってみました。ジャガイモはニンジンより重く、ニンジンはタマネギやインゲンよりも重かったです。重さを調べた後、いよいよ料理を始めました。けんた君は包丁が使えないので、野菜の皮をむく道具を使ってお手伝いをしました。お父さんが切った野菜と牛肉をお鍋でグツグツと煮て、おいしそうにできあがりました。おばあちゃんがやって来たので、これから一緒にお昼ごはんをいただきます。けんた君は、はしを3人分テーブルに並べました。肉じゃがのほかに、おばあちゃんが朝お庭で採ってきてくれたトウモロコシを3人で食べました。おなかがいっぱいになったけんた君は、公園で遊びたくなって、お父さんに行き先も言わずに出かけてしまいました。公園にはスズメが3羽、ハトが2羽、そしてカラスが1羽いました。鳥たちの様子を見たり、持っていった縄跳びでとても楽しく遊んだりしたので、お家に帰ることにしました。お家の近くまで帰ると、玄関の前でお父さんが心配そうに立っていました。けんた君は行き先も言わず勝手に出かけて心配をかけてしまったと気がついて、走ってお父さんのところに行き、『お父さん、黙って出かけてしまってごめんなさい』と謝りました。すると、お父さんは『黙って出かけたら心配するから、出かけるときはちゃんと言ってから出かけないとだめだよ』とホッとした顔で言いました」

プリントを表にして質問を聞く。

・パイナップルの段です。今聞いたお話の季節はいつですか。合う絵に○をつけましょう。
・メロンの段です。けんた君のお父さんの仕事は何ですか。合う絵に○をつけましょう。
・ブドウの段です。けんた君が練習している楽器の絵に○をつけましょう。
・バナナの段です。肉じゃがの材料の野菜で、一番重かったものに○をつけましょう。
・サクランボの段です。けんた君が肉じゃがを作るときに使った道具は何ですか。合う絵に○をつけましょう。
・リンゴの段です。肉じゃがに入れたお肉は何のお肉でしたか。その動物の足を選んで○をつけましょう。
・ナシの段です。けんた君が並べたはしは何本でしたか。その数だけ星に1つずつ○をつけましょう。
・クリの段です。けんた君が帰ってきたときのお父さんの気持ちはどんな気持ちだと思いますか。悲しいと思ったら星、怒っていると思ったら三角、面白いと思ったら丸、うれしいと思ったら四角に○をつけましょう。
・イチゴの段です。公園で見た鳥の数が正しい絵に○をつけましょう。

3 推理・思考（マジックボックス）（男子）

プリントが3枚配付される。1枚目（3－A）は例題としてテスターと一緒に行う。1枚目（3－A）のお約束を見ながら、2枚目（3－B）、3枚目（3－C）を行う。

A

・上の四角がお約束です。小さい丸が印を通ります。丸を通ると数が1つ増え、二重丸を通ると数が2つ増えます。三角を通ると数が1つ減り、ハートを通ると数が半分になります。星を通ると色が変わり、ギザギザの形を通ると大きさが変わります。では、下のリンゴの段を見てください。左端の小さい丸2つが丸、三角、星を順番に通ると、どのようになりますか。右の4つから選んで○をつけましょう（答え合わせをする）。今度はバナナの段を見てください。左端の小さい丸3つが、右端の最後にある小さい黒丸4つになるには、三角、二重丸の後にどの印を通ればよいですか。四角の中から選んで○をつけましょう（やり方を確認する）。

B、C

・リンゴの印のプリントは、左端の小さい丸がそれぞれの印を通るとどのように変わるかを考えて、右の四角から選んで○をつけましょう。バナナの印のプリントは、左端の小さい丸や小さい黒丸がどの印を通ると右端のようになるのかを考えて、長四角から印を選んで○をつけましょう。リンゴの印のプリントが終わったら、バナナの印のプリントをやりましょう。

4 構成（女子）

プリントが２枚配付される。１枚目が終わったら２枚目を行う。１枚目の１段目は例題としてテスターと一緒に行う。

・左端の形を点線で切ったものを、組み合わせてできる形はどれですか。右の３つから選んで○をつけましょう。切った形は向きが変わったりしていますが、裏返しになっているものはありません。１枚目が終わったら２枚目もやりましょう。

集団テスト

行動観察（凝念）（男女共通）

ペーパーテストを行った後、机の右側に立って行う。おへその前に手で「桃の実」の形を作り、鐘が２回鳴ったら目を閉じ、１回鳴ったら目を開ける。

5 生活習慣・巧緻性（男女共通）

・机の中から、紺色のTシャツ（160㎝位のサイズ）と筆ペンの入った道具箱を取り出し、Tシャツを着る。

A ヘビが描かれたB４判の画用紙が２枚配られる。ヘビの顔の白い星印からしっぽの黒い星印まで、ヘビの模様や体の線にぶつからないように筆ペンで線を引く。画用紙の１枚目は、練習用として直線のヘビの絵が描かれている。１枚目で練習した後、２枚目の曲線のヘビの絵に線を引く。

B ふたに４ヵ所穴の開いた小型の段ボール箱（高さ約７㎝）とビニールひもが配られる。Tシャツを脱いでたたみダンボール箱に入れ、ビニールひもを穴に通す（一連の流れをテスターがお手本で示す）。

考査：2日目

運動テスト

３グループ（黄色、青、ピンク）で、体育館で行う。

かけっこ

赤い線からスタートする。奥にある赤のコーンの外側を左回りで走って戻る。そのまま赤い線を越えて、反対側の奥にある青のコーンの外側を左回りで走り、赤い線まで戻る。

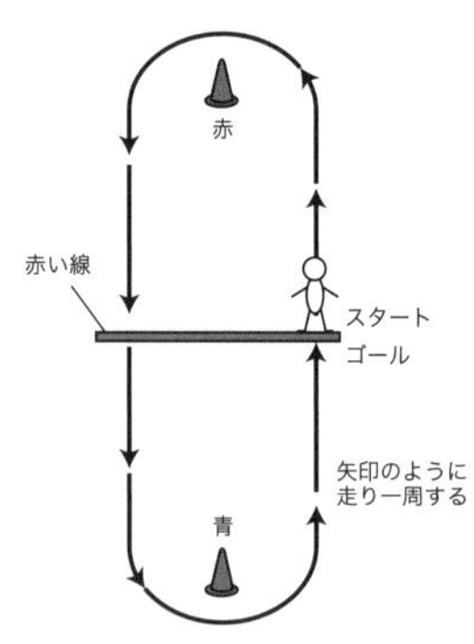

ボール投げ

１辺が２ｍほどの真四角の青い線の中から、５～７ｍほど離れた場所にいるテスターに向かってボール（軟らかくハンドボールほどの大きさ）を投げる。２回行う。

持久力

テスターに抱き上げられて、高い鉄棒（約140㎝）を順手でしっかりつかむ。テスターが体から手を離したら、「やめ」と言われるまでそのまま約60秒ぶら下がる。

集団テスト

10～15人の３グループ（黄色、青、ピンク）で、体育館で行う。

身体表現・ジャンケンゲーム

・「大きな栗の木の下で」の替え歌で「大きな桃の木の下で」を歌い、テスターの手本に合わせて踊る。
・歌い終わったら、すぐにお友達を見つけて２人１組になり、ジャンケンをする。ジャンケンに負けた子は、両手を挙げて手首をひねりキラキラさせながら勝った子の周りを回る。あいこのときはそれぞれがその場で両手を挙げてキラキラさせながら回る。

集団ゲーム（ボール転がしゲーム）

さらに５～10人の６グループに分かれて行う。グー、チョキ、パーのジャンケンの手とアロハの手、４つの手の形が描いてある大きな真四角の布（１辺約２ｍ）の周りをグループのお友達で持つ。布の真ん中に置いたボールがテスターが言った手の形の場所に来るように、お友達と協力して布を動かす。ボールが布から落ちたら、テスターが拾う。

生活習慣

運動テストの後に給水時間がある。1人1枚ずつウェットティッシュが配られ、手をふく。各色（黄色、青、ピンク）のグループごとの机の上に水の入ったペットボトルと紙コップが用意されており、各自が紙コップに水を注いで飲む。使い終わったウェットティッシュと紙コップはゴミ箱に捨てる。

保護者面接

下記の質問項目を父親、母親に聞く。その回答を踏まえて質問が発展したり、他方にも同じ内容が問われたりする。また、家庭調査書（面接資料）に記入した内容について聞くこともある。

保護者

・学校行事で印象に残っていることは何ですか。
・オープンスクールにいらっしゃいましたか。（発展して）「こみち」の授業をご覧になりましたか。どんな印象を持ちましたか。
・個性について、どのようにお考えですか。
・お子さんの個性的なところはどのようなところですか。（発展して）本校でどのようにしてその個性を伸ばしたいですか。
・自学自修についてどのように考えますか。
・自奮自励の精神について、どのようにお考えですか。
・お子さんのよいところをお話しください。

面接資料／アンケート

出願時に家庭調査書（面接資料）を提出する。以下のような項目がある。

・志願者氏名、性別、生年月日、現住所、電話番号。
・保護者氏名、続柄。
・志願者の保育歴および性格。
・志願者の写真を貼付。
・志願の理由。
・通学経路と所要時間。

1

1

2

2

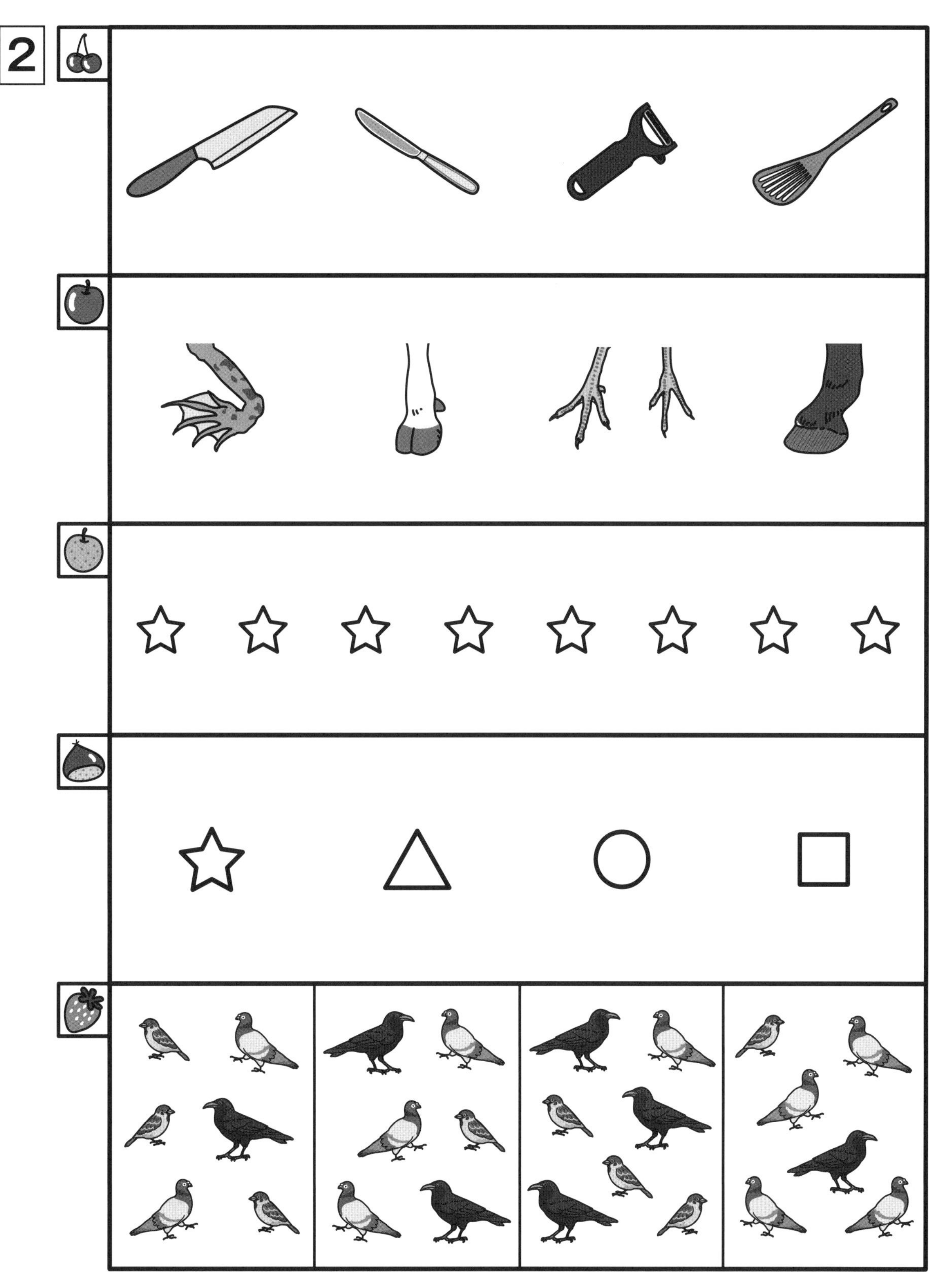

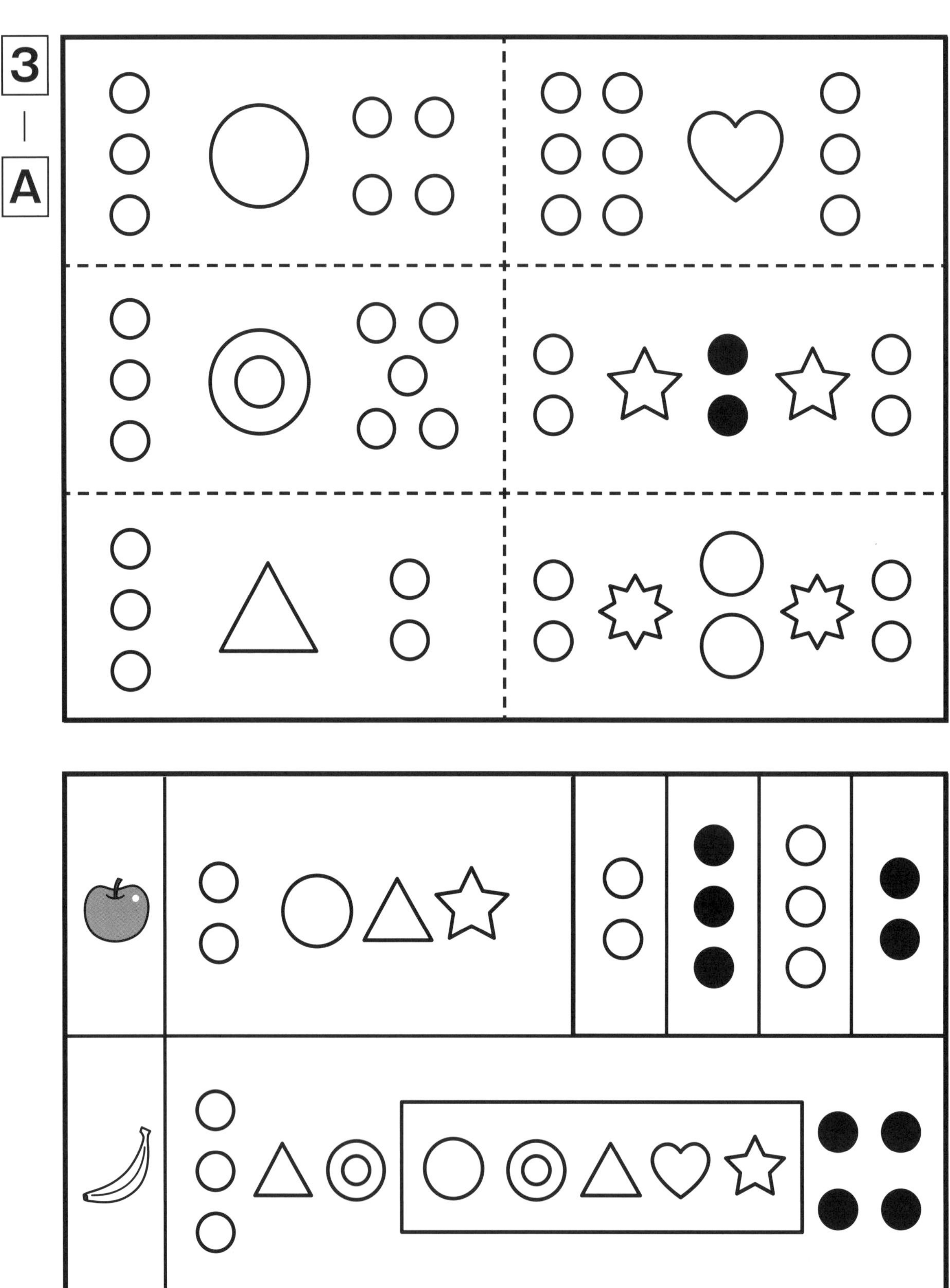
3
A

3
—
B

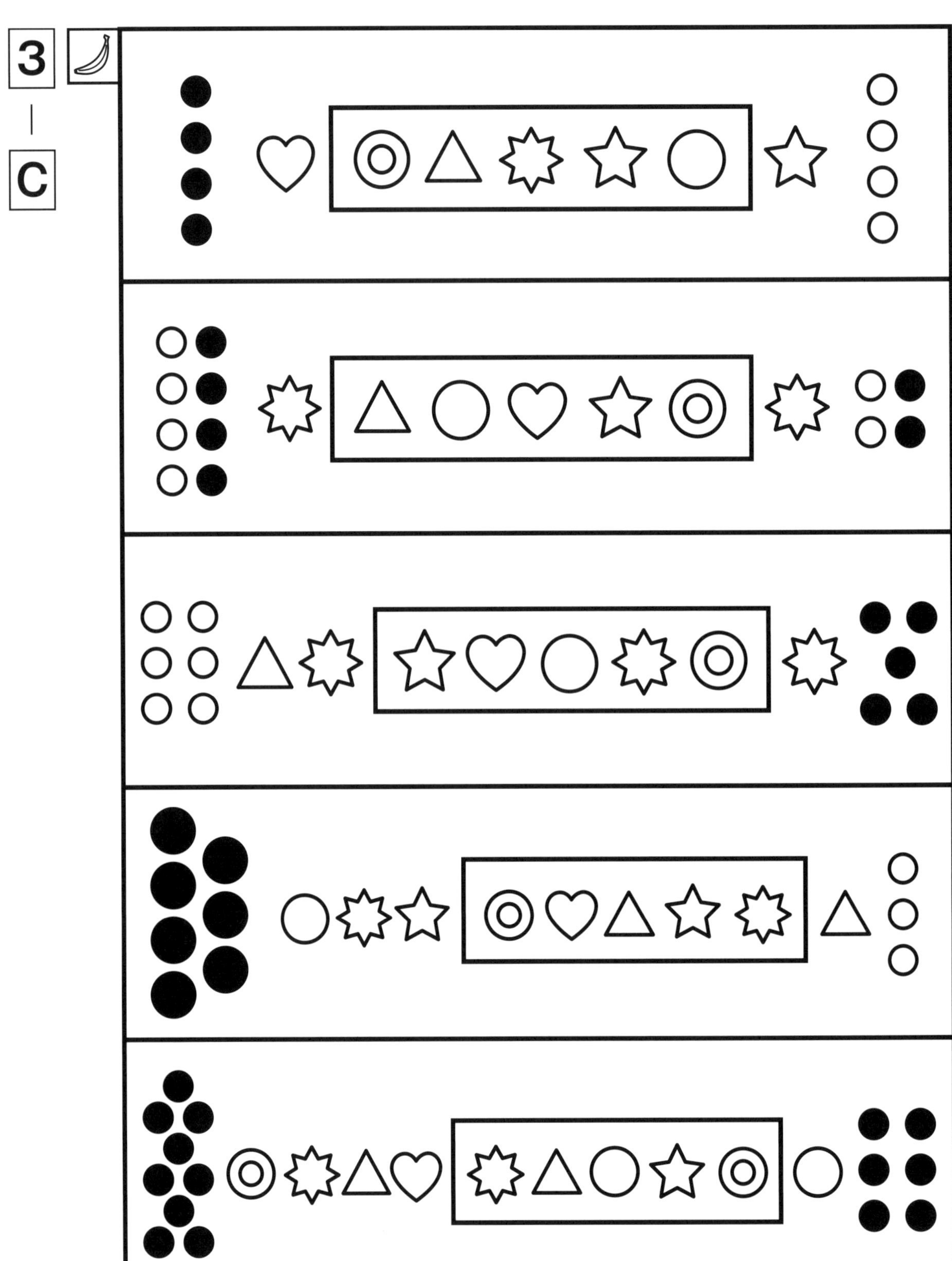
3
C

4

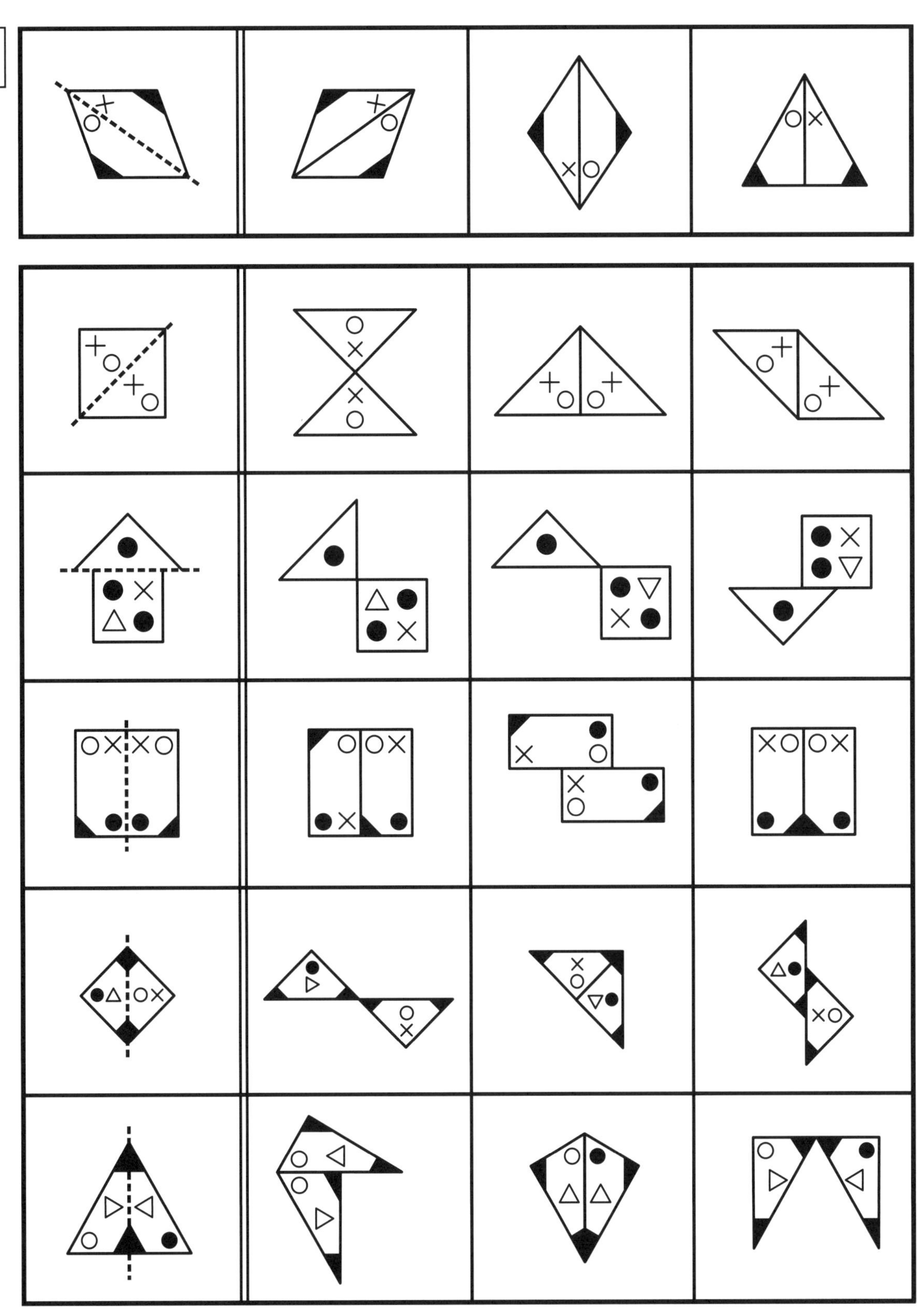

4

5-A

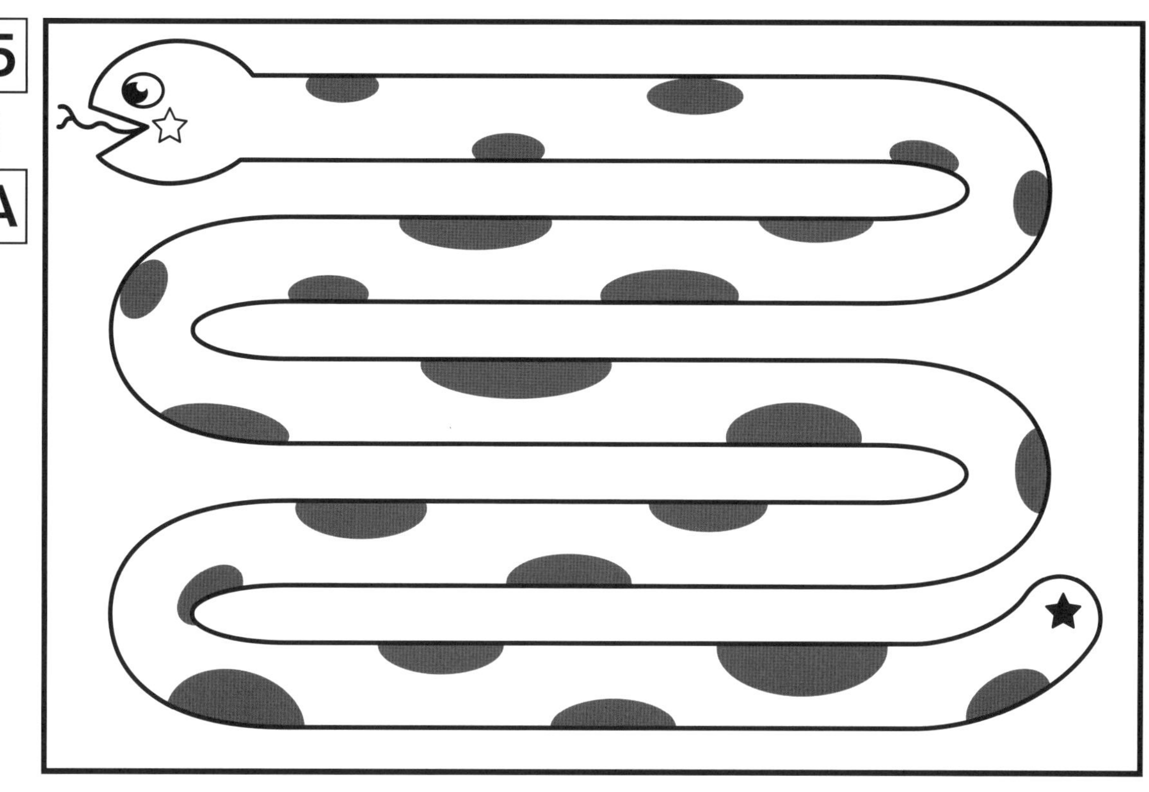

B

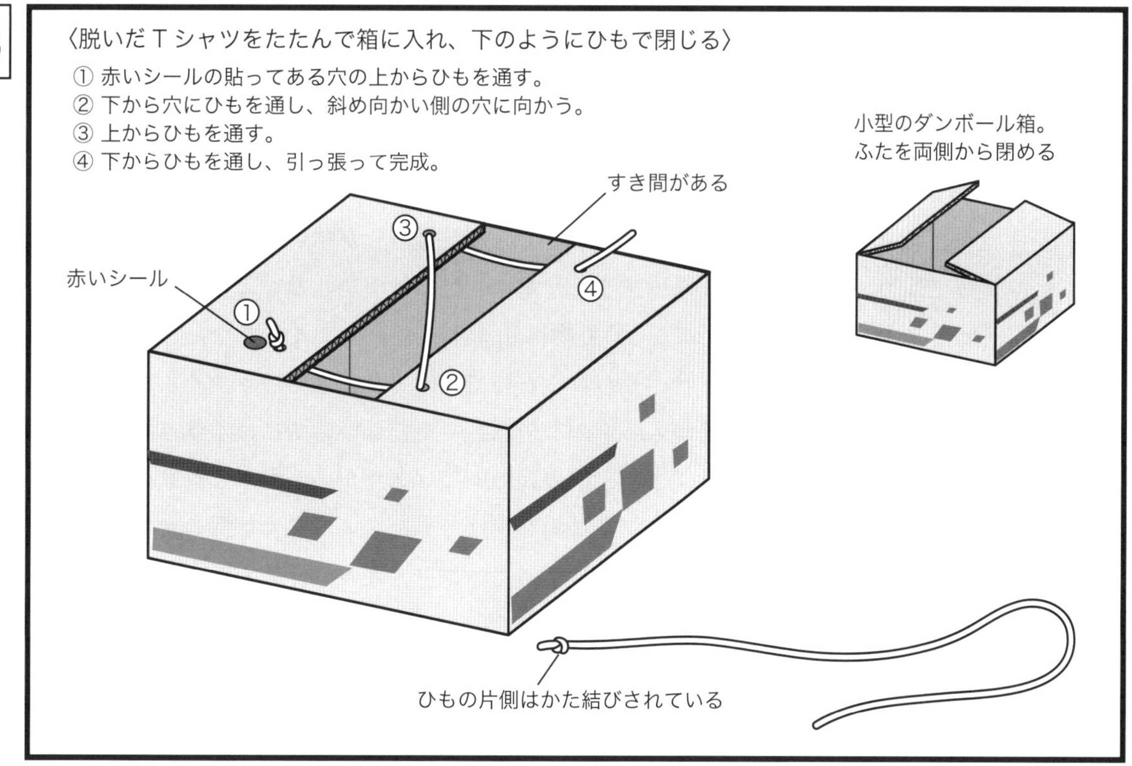
〈脱いだＴシャツをたたんで箱に入れ、下のようにひもで閉じる〉
① 赤いシールの貼ってある穴の上からひもを通す。
② 下から穴にひもを通し、斜め向かい側の穴に向かう。
③ 上からひもを通す。
④ 下からひもを通し、引っ張って完成。
小型のダンボール箱。
ふたを両側から閉める
すき間がある
赤いシール
①
②
③
④
ひもの片側はかた結びされている

section

2018　成蹊小学校入試問題

選抜方法

考査は２日間で、１日目は午前に男子、午後に女子の考査が行われる。男女それぞれＡとＢの２グループに分けられ、10～15人単位でペーパーテストと集団テストを行う。２日目は体育館で男女混合の10～15人単位で集団テストと運動テストを行う。所要時間は１日目が約２時間、２日目が約１時間45分。２日目の考査と並行して保護者面接がある。

考査：１日目

ペーパーテスト

筆記用具は青のフェルトペンを使用し、訂正方法は＝（横２本線）。出題方法は話の記憶のお話のみテレビからの音声（映像、画像なし）で、ほかは口頭。男女により問題が異なる。

1　話の記憶（男子）

1－Aを見ながらお話を聞き、お話が終わると1－Aは回収される（1－Aは実際には写真だった）。

「小学１年生が遠足で山登りをします。山の頂上には山小屋と、町中が見渡せる見晴し台があります。遠足に行く前に先生から、山登りに行くときに着る服と持ち物のお話がありました。先生は、『山道では木の枝が伸びているので、腕にけがをしないように長袖のシャツを着ましょう。急な道もあるので、転んで手にけがをしないように手袋もしてください。歩きやすくすべりにくい靴を履いて、また日差しが強いのでツバのある帽子をかぶりましょう。ズボンは、動きやすくて転んでも足にけがをしないようなものを履いてください』と言いました。そして、『持ち物はリュックサックに入れてください。リュックサックは自分の体にピッタリ合わせられるもので、山登りの途中でもすぐに水分が取れるように、横のポケットに水筒が入るものを用意してください。山には水飲み場がないので、大きめの水筒にしましょう。また、山の森の中にはクマがいるかもしれないので、近くに寄ってこないようにリュックサックに鈴をつけてください。クマは鈴の音で逃げていくんですよ。リュックサックの中には、汗をふくハンドタオル、汗をかいたときに着替える半袖の下着、そしてお弁当を入れてきてくださいね』とも言いました。さあ、いよいよ山登りの日がやって来ました。みんなで山頂に向かって歩いていきます。歩いていると空の高いところで、大きな鳥が『ピーピー』と気持ちよさそうに鳴いています。途中でトイレに寄ったり、ベンチのあるところで休憩をしたりして４時間ほど歩くと、山の頂上に着きました。周りの景色を見ながらみんなで食べたお弁当はとてもおいしかったです」

1－Bのプリントを見ながら質問を聞く。

・リンゴの段です。写真で見た川はどんな形でしたか。合う絵に○をつけましょう。
・ブドウの段です。山登りに履いていくのによい靴に○をつけましょう。
・サクランボの段です。先生がお話しした山登りに合う格好に○をつけましょう。
・イチゴの段です。遠足で山登りに行ったのは小学何年生ですか。その学年の数だけ星に1つずつ○をつけましょう。
・ミカンの段です。お話で聞いたリュックサックはどれだと思いますか。合う絵に○をつけましょう。
・カキの段です。山登りで何時間歩きましたか。その時間の数だけ星に1つずつ○をつけましょう。
・スイカの段です。山になかったものは何ですか。ベンチだと思ったら丸に、水飲み場だと思ったら三角に、トイレだと思ったら四角に、山小屋だと思ったらひし形に○をつけましょう。
・バナナの段です。リュックサックの中に入れなかったものに○をつけましょう。
・メロンの段です。山の頂上へ向かう途中に鳴いていた鳥に○をつけましょう。

2 話の記憶（女子）

プリントを裏返しにしたままお話を聞く。

「ずっと毎日雨が降り続いています。ある日、クマ君が『雨ばっかり降っていてつまらないな』とつぶやくと、クマ君のお母さんが、『もう少ししたら川で水遊びができる季節になるわよ。そうだわ、もうそろそろお昼だから、みんなでお好み焼きを作りましょう』と言いました。クマ君とクマ君のお父さんも『いいね、作ろう』と言って台所に行きました。すると、お母さんが『あら、お好み焼きを作るのに必要な卵がなかったわ』と言いました。そこで、クマ君がニワトリさんのお家に卵をもらいに行くことになりました。水玉模様の傘をさしてニワトリさんのお家に行き、卵3個をヒヨコの絵が描かれた紙袋に入れてもらって、落とさないようにしながら急いでお家に帰りました。お好み焼きに入れるキャベツをクマ君とお父さんとお母さんで2枚ずつちぎり、それをお母さんが細く刻みました。小麦粉に水と溶いた卵、そして刻んだキャベツを入れて混ぜ、お好み焼きの生地を作りました。お母さんが『ナガイモを入れると、ふっくらとしたお好み焼きを作ることができるのよ』と言いながら、ナガイモをすりおろし器ですりおろして混ぜました。そしてみんなで、作った生地をおたまですくって温めた鉄板に載せました。クマ君はクマの顔の形、お父さんは魚の形、お母さんは満月のようなまんまるの形にしました。ジュージューと焼けて焦げ目がついてきたので、反対側の面を焼くために裏返しました。お父さんとお母さんはうまく裏返すことができましたが、クマ君がひっくり返すとヤギのひげのような形がくっついてしまいました。そして、できたお好み焼きをみんなで食べました。クマ君がヤギのひげみたいになったところを食べてみるとパリパリしていておいしかったので、お父さんにも食べてもらいました。すると『なかなかいい味だね！』と言ってくれたので、クマ君は『よかったな』と思いました」

プリントを表にして見ながら質問を聞く。
・リンゴの段です。今聞いたお話の季節はいつですか。合う絵に○をつけましょう。
・ブドウの段です。ニワトリさんからもらった卵の様子に合う絵に○をつけましょう。
・カキの段です。クマ君がさした傘の模様はどれですか。合う絵に○をつけましょう。
・クリの段です。クマ君の家族は全部で何枚キャベツをちぎりましたか。その数だけ星に１つずつ○をつけましょう。
・メロンの段です。お母さんがキャベツを細く刻んだときに使ったと思う道具に○をつけましょう。
・イチゴの段です。お母さんがすりおろし器ですりおろした野菜に○をつけましょう。
・ミカンの段です。クマ君が作ったお好み焼きの形に○をつけましょう。
・バナナの段です。お父さんが、クマ君の作ったお好み焼きを食べたときの顔の様子だと思う絵に○をつけましょう。

3 数量（分割）（男子）

例題（上の段）を黒板に掲示し、テスターとやり方を確認した後、プリントが配付される。
・左端の動物たちが、のっているそれぞれの果物を同じ数ずつに分けて食べられるお皿を右から選んで○をつけましょう。上から下まで全部やってください。

4 数量・話の理解（男子）

・船の段です。動物たちがイチゴを食べます。サルとウサギは同じ数、クマはほかの２匹より１個多く食べます。お話に合う果物がのっているお皿に○をつけましょう。
・飛行機の段です。ロバとクマとサルが、バナナとイチゴを同じ数ずつ食べます。お話に合う果物がのっているお皿に○をつけましょう。
・車の段です。ロバとクマとサルがミカンを食べます。クマはロバより１個少なく、サルはロバより１個多く食べます。では、お話に合う果物がのっているお皿に○をつけましょう。
・気球の段です。サルとウサギとクマが、イチゴとバナナを食べます。バナナは３匹とも同じ数を食べます。ただし、イチゴはクマだけほかの２匹より１個少なく食べます。では、お話に合う果物がのっているお皿に○をつけましょう。
・ロケットの段です。クマとサルとウサギが、ミカンとリンゴを食べます。ミカンは３匹とも同じ数ずつ食べます。ただし、リンゴはウサギだけほかの２匹よりも１個多く食べます。では、お話に合う果物がのっているお皿に○をつけましょう。

5 推理・思考（重ね図形）（女子）

プリントが２枚配付される。１枚目が終わったら２枚目を行う。１枚目の１段目（星印）は例題としてテスターと一緒に行う。

・左端の絵は透き通った紙にかいてあります。太い線のところで矢印の向きにパタンと折って重ねると、どのようになりますか。右から選んで○をつけましょう。答えには向きが違っているものもあります。

集団テスト

6 巧緻性（男女共通）

机の中の箱に入っているはさみを取り出し、Ｂ４判の画用紙に印刷された曲線や直線が混ざった太線１本を、ウサギからクマのところまで切る。終わったらはさみを元のようにしまう。

行動観察（凝念）（男女共通）

いすの横に足を少し開いて立つ。おへその前に手で「桃の実」の形を作り、鐘が２回鳴ったら目を閉じ、１回鳴ったら目を開ける。

生活習慣（男女共通）

１cm角くらいの黄色や茶色の立方体がたくさん入った紙皿、空の透明のプラスチックカップ、塗りばし（長さ約18cm）が机の上に置いてある。着席して、塗りばしで立方体をカップに移す。「やめ」と言われるまで行う。紙皿に手を添えてもよいがプラスチックのカップに触ってはいけない、落とした立方体はそのままにしておくというお約束がある。

考査：２日目

集団テスト

３グループ（赤、青、黄色）で、体育館で行う。

集団ゲーム

最初に、動物の名前を言うリーダーを決める。「猛獣狩りに行こうよ」を歌い踊った後で、リーダーが動物の名前を言う。その音の数だけお友達と手をつないでグループになり、その場に座る。

歌・ダンス

「アブラハムの子」を歌いながら、テスターのまねをして踊る。

生活習慣

運動テストの前に給水時間がある。1人に1枚ずつウエットティッシュが配られて手をふく。グループごとの机の上に水の入ったペットボトルと紙コップが用意されており、各自が紙コップに水を注いで飲む。使い終わったウエットティッシュと紙コップはゴミ箱に捨てる。

運動テスト

3グループ（赤、青、黄色）で、体育館で行う。

かけっこ

青い線からスタートする。奥に2つ並んだコーンの外側を左回りで走って戻る。そのまま青い線を越えて、反対側の奥に2つ並んだコーンの外側を左回りで走り、青い線まで戻る。

ドリブル

青い線からスタートする。ボールをつきながら手前の1つのコーンを左回りで回って戻る。そのまま青い線を越えて、反対側にある手前の1つのコーンを右回りで回り、青い線まで戻る。途中でボールが転がったらテスターからボールをもらい、そこから続けて行う。2周行う。

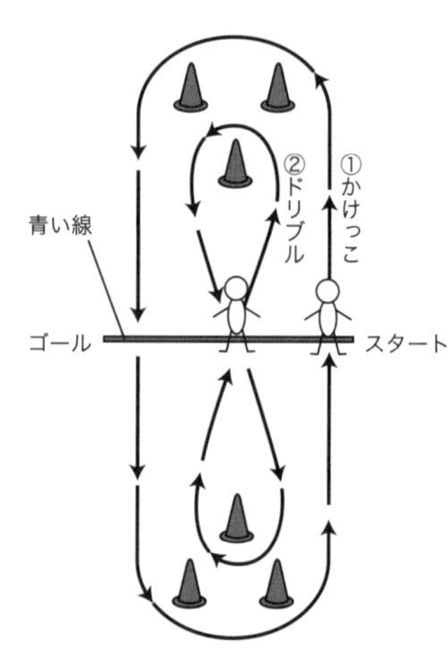

①のようにかけっこで1周

②のように8の字にボールをつきながら2周

持久力

テスターに抱き上げられて、高い鉄棒を順手でしっかりつかむ。テスターが体から手を離したら、「やめ」と言われるまでそのまま約60秒ぶら下がる。

保護者面接

下記の質問項目を父親、母親に聞く。その回答を踏まえて質問が発展したり、他方にも同じ内容が問われたりする。また、家庭調査書（面接資料）に記入した内容について聞くこともある。

保護者

・来校された回数と、その内容をお聞かせください。
・どの公開行事に参加されましたか。
・興味のある学校行事は何ですか。
・お子さんに参加させたい学校行事は何ですか。
・本校に期待することは何ですか。
・オープンスクールでは、どの教科や授業内容に興味を持ちましたか。

面接資料／アンケート

出願時に家庭調査書（面接資料）を提出する。以下のような項目がある。

・志願者氏名、性別、生年月日、現住所、電話番号。
・保護者氏名、続柄。
・志願者の保育歴および性格。
・志願者の写真を貼付。
・志願の理由。
・通学経路と所要時間。

1
|
A

1
|
B

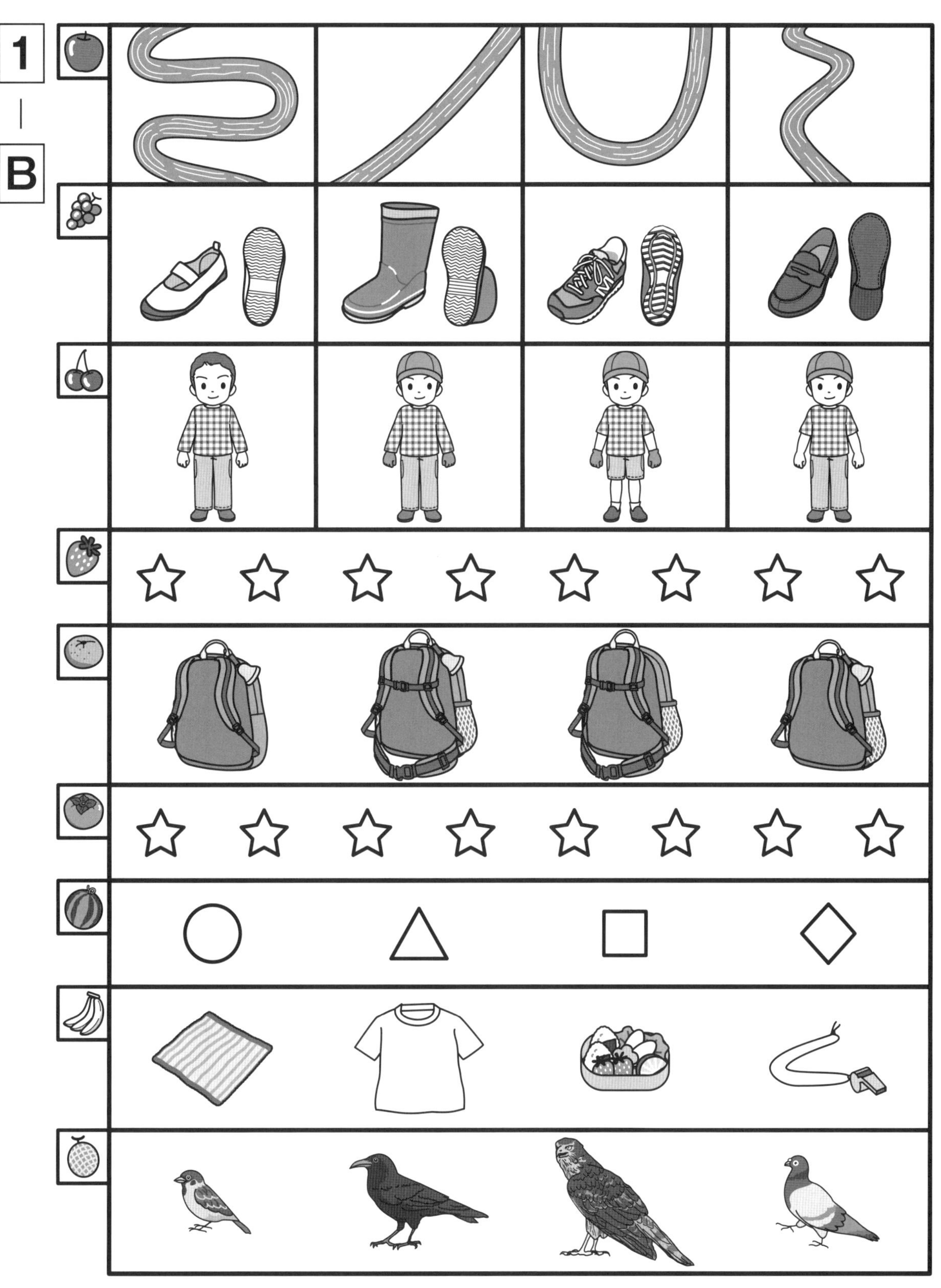

2

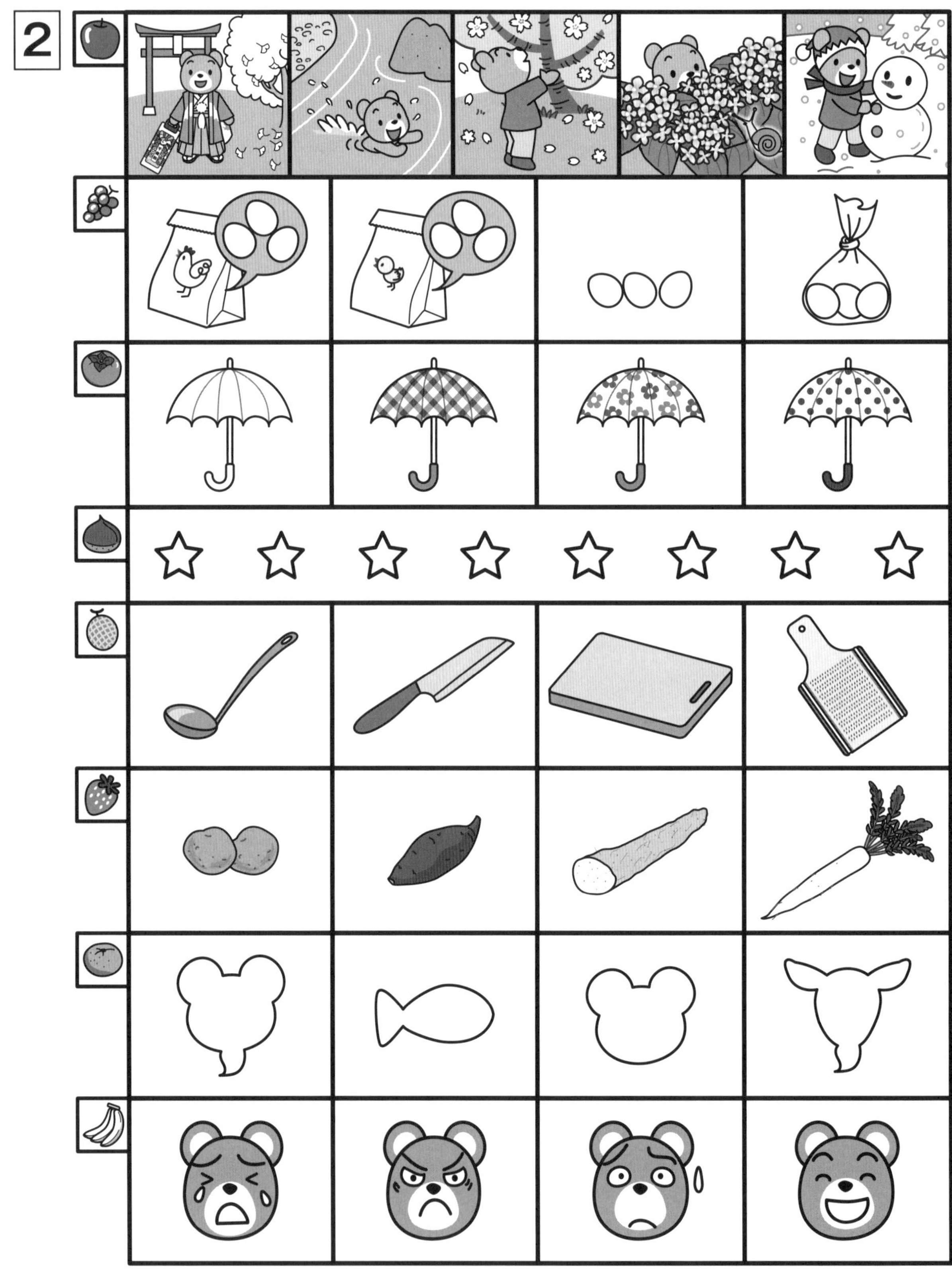

3

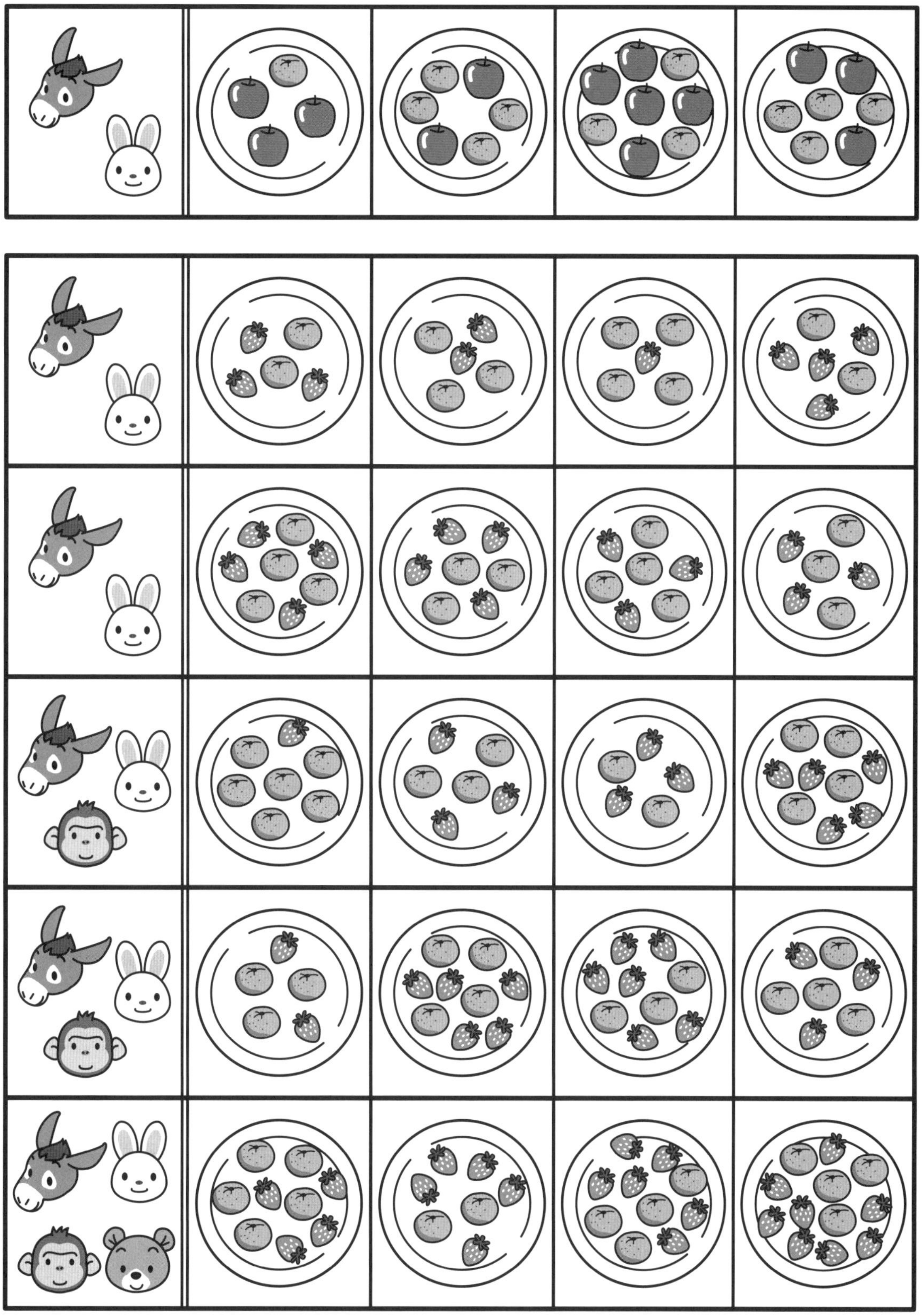

4

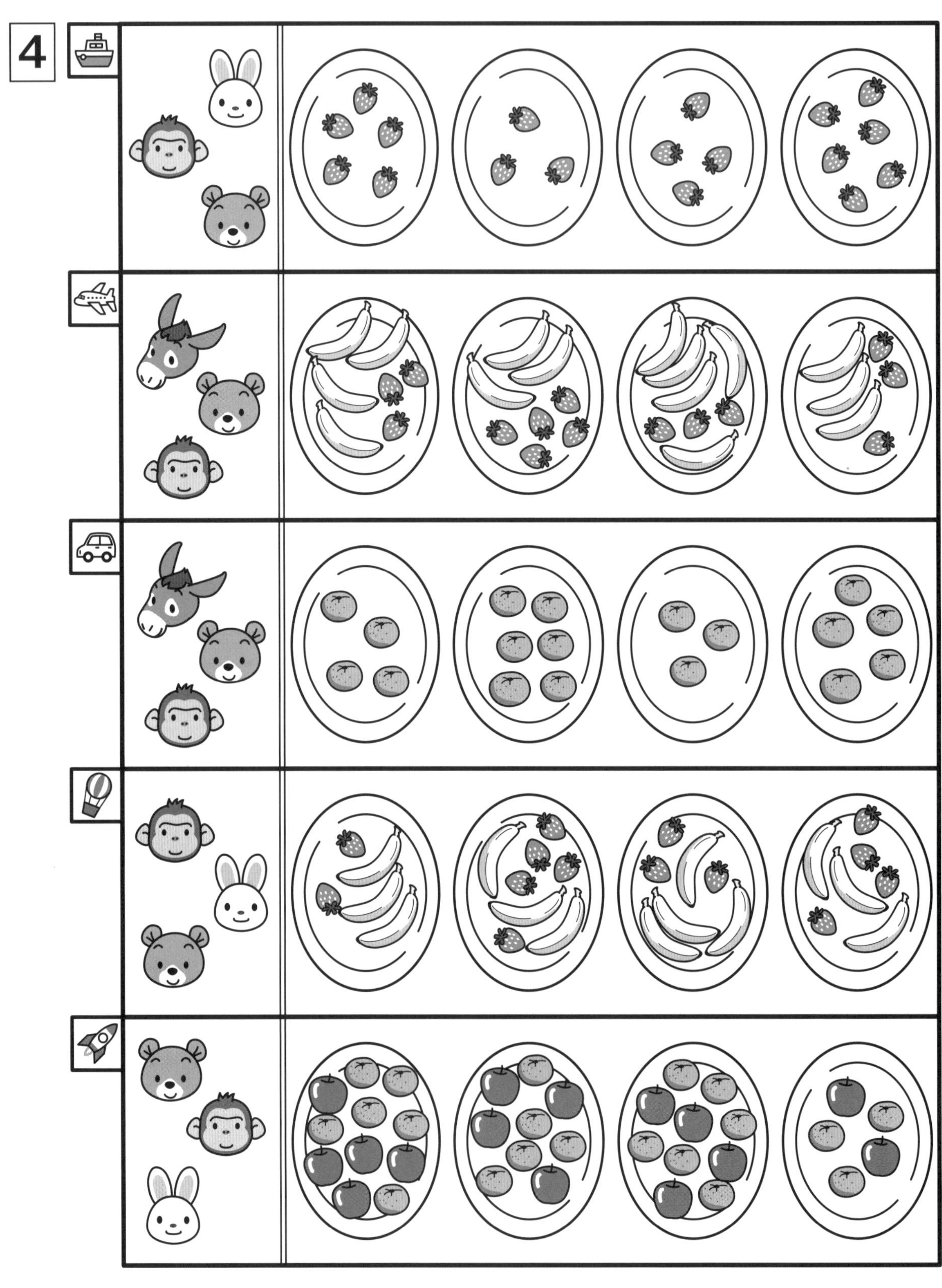

5

5

6

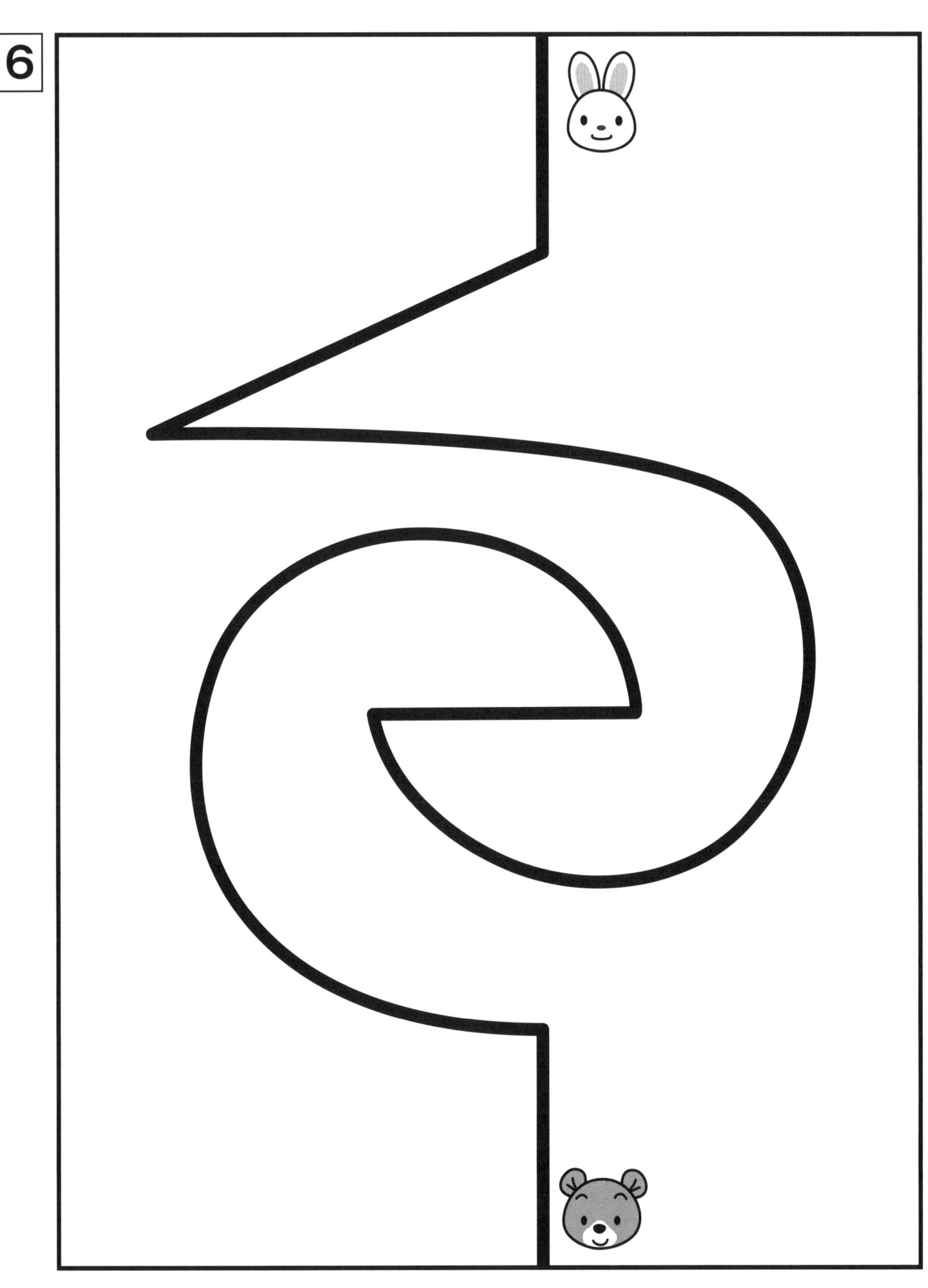

section
2017　成蹊小学校入試問題

選抜方法

考査は２日間で、１日目は午前に男子、午後に女子の考査が行われる。男女それぞれＡとＢの２グループに分けられ、10～15人単位でペーパーテストと運動テストを行う。２日目は男女混合の５～８人単位で、２グループが１つの教室で集団テストを行う。所要時間は１日目が１時間30分～２時間、２日目が１時間～１時間30分。２日目の考査と並行して保護者面接がある。

考査：１日目

ペーパーテスト

筆記用具は青のフェルトペンを使用し、訂正方法は＝（横２本線）。出題方法は話の記憶のお話のみテレビからの音声（映像、画像なし）で、ほかは口頭。男女により問題が異なる。

1　話の記憶（男子）

プリントを裏返しにしたままお話を聞く。

「ももこさんはお友達のひろこさんのお家へ遊びに行くことになりました。『お土産にケーキを持っていったら？』とお母さんに言われ、一緒にケーキを作ることにしました。ももこさんは生クリームを泡立てるお手伝いをしました。泡立てた生クリームとイチゴをスポンジの間に挟み、周りにも生クリームをたっぷりつけてイチゴを載せるとおいしそうなケーキの完成です。ももこさんが『お庭に咲いているヒマワリもひろこさんに持っていってあげたいな』と言うと、お母さんがはさみでヒマワリの茎をパチンパチンパチンと切ってくれました。ももこさんはケーキとヒマワリを持って、ひろこさんのお家へ出かけました。ひろこさんのお家に着き、玄関のチャイムを『ピンポーン』と鳴らすと、ひろこさんのお母さんと弟のじろう君が出てきて、ももこさんを部屋の中へ通してくれました。じろう君はテントウムシの絵のついたすてきなＴシャツを着ています。部屋に入ると『いらっしゃい』とひろこさんがニコニコ笑って待っていました。ももこさんがケーキとヒマワリを渡すと、ひろこさんは『どうもありがとう』ととても喜びました。『こちらに座って召し上がれ』と、お母さんがケーキを切ってくれました。みんなでおいしいケーキを食べた後、デザートもいただきます。冷たくて、種があって、食べるとシャキシャキと音がして、とても甘くおいしいので、みんなはあっという間に食べてしまいました。ももこさんとひろこさん、じろう君の３人は、ひと休みしてから近くの原っぱに行って、虫捕りをしました。虫カゴに入れた虫を数えてみると、ももこさんはチョウチョが１匹、ひろこさんはチョウチョとバッタが１匹ずつ、じろう君はバッタが２匹でした。その後ひろこさんのお家に戻って、お庭で縄跳びをして遊びました。ももこさんとひろこさんは４回ずつ跳ぶことができました。じろう君はももこさんやひろこさんよりも２回多く跳べました。ももこさんは、『じろう君は自分より小さいのに虫捕りも縄跳びも上手にできて、すごいな』と思いました」

・リンゴの段です。今聞いたお話の季節はいつですか。合う絵に○をつけましょう。
・バナナの段です。ももこさんが持っていった花に○をつけましょう。
・カキの段です。ももこさんはその花を何本持っていきましたか。その数だけ星に○をつけましょう。
・クリの段です。じろう君はどのような格好でしたか。合う絵に○をつけましょう。
・ブドウの段です。ももこさんが捕まえた虫に○をつけましょう。
・メロンの段です。ケーキを作ったときに、ももこさんはどのようなお手伝いをしましたか。合う絵に○をつけましょう。
・パイナップルの段です。ももこさんが作ったケーキはどれですか。合う絵に○をつけましょう。
・ナシの段です。ももこさんたちが食べたデザートは何でしたか。合う絵に○をつけましょう。
・ミカンの段です。じろう君が縄跳びを跳んだ数だけ星に○をつけましょう。

2 話の記憶（女子）

プリントが２枚（2－A、2－B）配付される。2－Aを見ながらお話を聞く。お話が終わると2－Aは回収される。

「たろう君はお友達のあきら君とはなこさんと一緒に水族館に行くことになりました。この間まではとても暑かったのに、ここのところ急に寒くなってきたので、今日はフードのついたジャンパーと長ズボン、お気に入りの黒い靴を履いて出かけました。みんなでたろう君のお母さんの車に乗って出発です。車の中では水族館で見たい生き物の話をしたり、しりとりをして遊んだりしました。しりとりでたろう君は『ラ』で始まって『ン』で終わるものを言ってしまい、負けてしまいました。水族館に入ると、最初にみんなで見たいと言っていたサメを見ました。次に黒と白のしま模様のきれいな魚を見ました。その後エイを見ました。エイはしっぽがまるでひものようで、面白いなと思いました。水槽の上の壁に手のマークがついている展示は、生き物に触ってもよいことになっています。たろう君は星のような形をしたヒトデに触ってみました。触るとザラザラして硬く、なんだかおもちゃみたいだなと思いました。すると『これからイルカショーが始まりますので会場にお越しください』というアナウンスがあったので、たろう君たちは急いでイルカショーを見に行きました。イルカが輪を上手にくぐってとても楽しい時間でした。ショーの後はペンギンを見に行きました。たろう君はペンギンを見ながら『寒いところが好きなペンギンは暑いときはどうするのかな』と考えていました。帰る前にお土産屋さんに行きました。たろう君たちが『魚の形の風船が欲しい』と言うと、たろう君のお母さんがみんなに１つずつ買ってくれました。帰る途中でたろう君が『あっ、カメを見るのを忘れちゃった』と大きな声を上げました。たろう君はカメを飼っているので、カメの泳ぎ方を見たいと思っていたのです。今度行くときは絶対にカメを見ようとたろう君は思いました」

2－Bのプリントを見ながら質問を聞く。

・リンゴの段です。たろう君たちが水族館に行った季節はいつですか。合う絵に○をつけましょう。
・ブドウの段です。たろう君たちが乗って出かけたものに○をつけましょう。
・カキの段です。たろう君はどのような格好でしたか。合う絵に○をつけましょう。
・パイナップルの段です。たろう君はしりとりで何と言いましたか。合う絵に○をつけましょう。
・メロンの段です。たろう君たちが水族館で２番目に見た生き物に○をつけましょう。
・サクランボの段です。たろう君が触った生き物は何でしたか。タコだと思ったら丸に、カニだと思ったら三角に、カメだと思ったら星に、ヒトデだと思ったらハートに○をつけましょう。
・ナシの段です。たろう君が面白いなと思った生き物に○をつけましょう。
・モモの段です。イルカショーでイルカはどのようなことをしましたか。合う絵に○をつけましょう。
・スイカの段です。たろう君が見るのを忘れてしまった生き物に○をつけましょう。
・ミカンの段です。たろう君のお母さんがお土産で買った風船の数だけ星に○をつけましょう。

3 推理・思考（男子）

プリントが２枚配付される。１枚目が終わったら２枚目を行う。１枚目の１段目（星印）は例題としてテスターと一緒に行う。

・左端のひもを点線のところで切るとどのようになりますか。右から選んで○をつけましょう。答えは向きが違うものもあります。１枚目が終わったら２枚目もやりましょう。

4 推理・思考（女子）

プリントが２枚配付される。１枚目が終わったら２枚目を行う。１枚目の１段目（星印）は例題としてテスターと一緒に行う。

・左の四角の果物の下にかかれている形を、必ず下からブドウ、バナナ、サクランボの順番に重ねると、どのようになりますか。右から選んで○をつけましょう。答えは向きが違うものもあります。１枚目が終わったら２枚目もやりましょう。

運動テスト

ボールつき

赤い線からスタートして、ボールをつきながら進み、四角形に配置してあるコーンの外側を1周する。ボールは左右どちらの手でついてもよく、途中で手を替えてもよい。ボールが転がってしまったら取りに行き、その場からやり直す。ゴールしたらテスターにボールを渡す。

反復横跳び

赤と青の2本の線を踏まないように、線をまたいでサイドステップで跳ぶ。「やめ」と言われるまでくり返す。

考査：2日目

集団テスト

男女混合の5～8人のグループ2組で行う。

生活習慣

大豆約30個が入った深めの皿が机の上に置いてある。立ったまま、はし（約18cmの長さで先端に溝が数本入ったもの）を使って、大豆を隣の空の透明プラスチックのカップに移す。「始め」と言われたら開始し、「やめ」と言われたらはしを元の通りに置く。机や容器に触らない、落とした大豆は拾わないというお約束がある。

制　作

魚釣りをして遊ぶための釣りざお、魚を作る。割りばし1膳、タコ糸（約40cm）1本、W形の金具1個、新聞紙（見開きの1／2）、クリップ1個、白丸シール2枚、黒のフェルトペン、スティックのり、セロハンテープ、はさみが1人分ずつ箱に用意されている。

・釣りざおを作る。タコ糸を割りばしの間に挟み、端を約5cm出して割りばしに巻きつけ、セロハンテープで留める。タコ糸の反対側の先をW形の金具の真ん中に通し、約5cm出して端を折り、取れないようにセロハンテープを巻きつけて留める。

・魚を作る。新聞紙を半分に裂き、筒状に丸めセロハンテープで留めて体にし、片方の端をねじってしっぽにする。口の部分にクリップを先が半分出るようにしてつける（釣りざおの金具が引っかかるようにする）。白丸シールに黒のフェルトペンで目を描いて貼る。

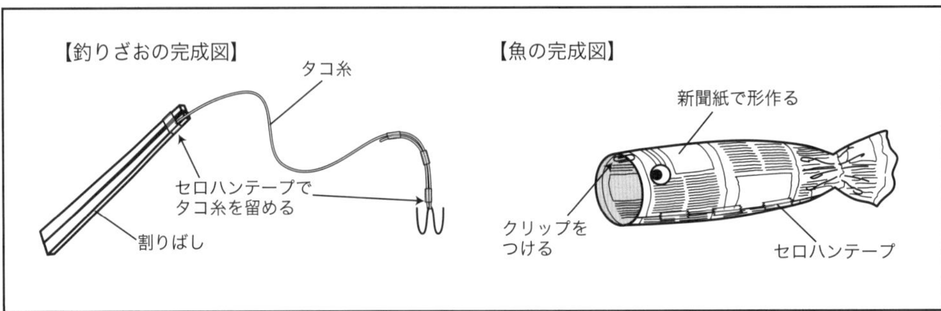

行動観察

（海作り・魚釣り遊び）

色画用紙、色上質紙、折り紙、お花紙、紙テープ(それぞれ数色)、クリップ、丸形の磁石、クーピーペンが1ヵ所に置いてある。グループで相談し、必要な材料を取ってきて海の生き物を作る。作った生き物にはクリップをつける。「やめ」と言われたら、ゴミは大きなビニール袋に捨て、使わなかった材料は元の場所に戻す。できあがった海の生き物と制作で作った魚を、海に見立てたビニールプールに入れる。グループで遊び方を相談し作った釣りざおを使って、魚釣りをして遊ぶ。遊ぶときにビニールプールの中に入ったり乗ったりしない、釣りざおを振り回さないというお約束がある。

行動観察（凝念）

いすの背に寄りかからずに姿勢を整えて座る。おへその前に手で「桃の実」の形を作り、鐘が2回鳴ったら目を閉じ、1回鳴ったら目を開ける。

保護者面接

※印はいずれかを1つずつ父親、母親に聞く。また、家庭調査書(面接資料)に記入した内容について父親、母親のいずれかに聞くこともある。

父親

・本校に期待することは何ですか。
・本校の印象はいかがですか。また印象に残ったことは何ですか。※
・本校の生徒を見てどのように感じましたか。※
・来校されて印象に残っている行事は何ですか。※
・(発展して) 運動会を見て、どのように感じましたか。※
・オープンスクールでの印象はいかがでしたか。※
・文化祭での印象はいかがでしたか。※
・本校は行事が多くありますがどんな行事に興味がありますか。また行事を行うにあたって保護者の方の理解が必要ですが、どのようにお考えですか。※
・お子さんが成長したと感じることは何ですか。※

・本校でお子さんはどのようなことを楽しみ、成長すると思いますか。※

母 親

・本校とお子さんはどんな点が合うと思いますか。
・お子さんにどのような授業を受けさせたいと思いますか。
・(卒業生の場合) 本校で一番印象に残っていることは何ですか。
・(卒業生の場合) お母さまがいらしたときと今の生徒とで何か違いはありますか。

面接資料/アンケート

出願時に家庭調査書(面接資料)を提出する。以下のような記入項目がある。

・志願者氏名、性別、生年月日、現住所、電話番号。
・保護者氏名、続柄。
・志願者の保育歴および性格。
・志願者の写真を貼付。
・志願の理由。
・通学経路と所要時間。

1

2
|
A

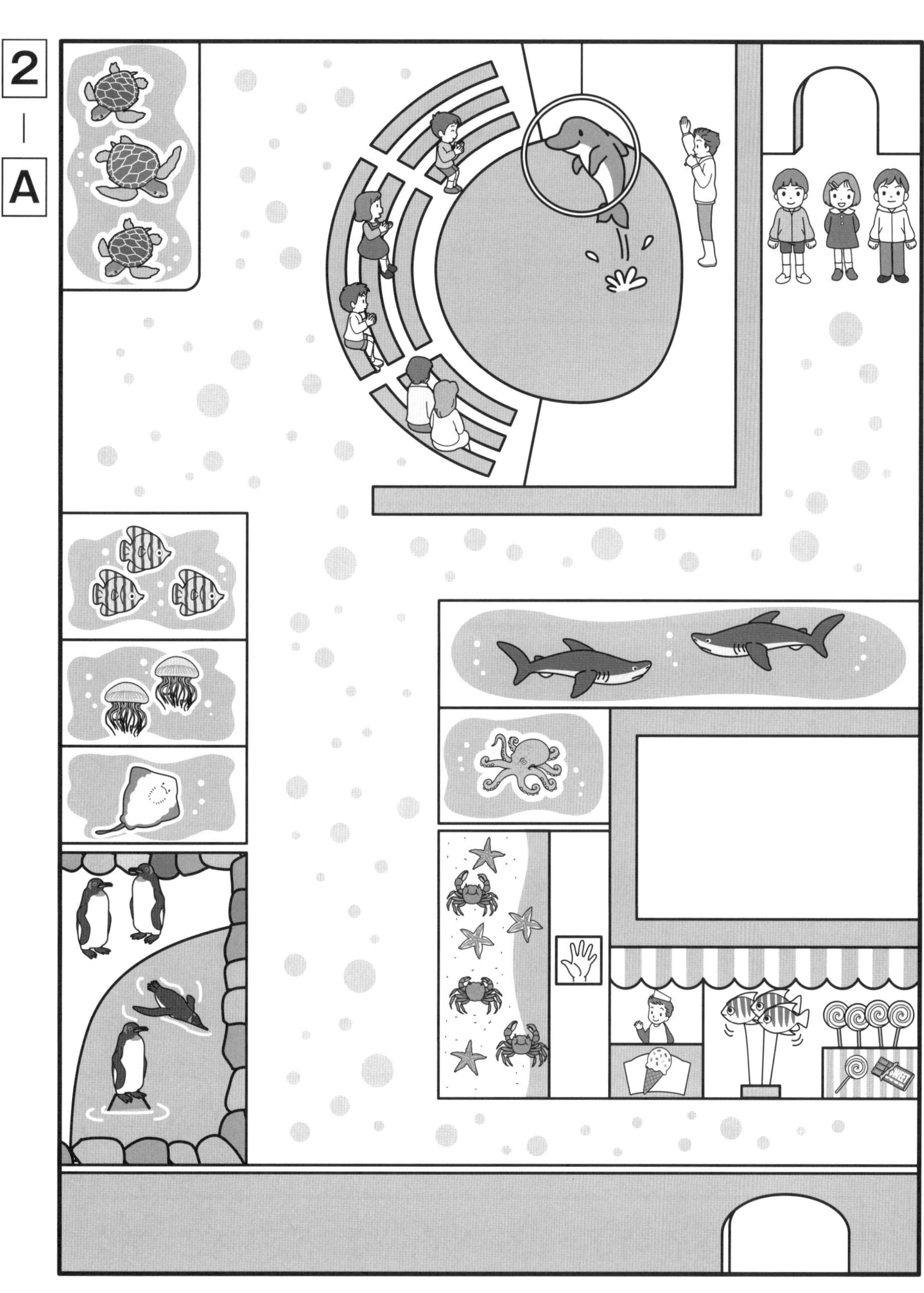

2－B

3

★

2023
2022
2021
2020
2019
2018
2017
2016
2015
2014

3

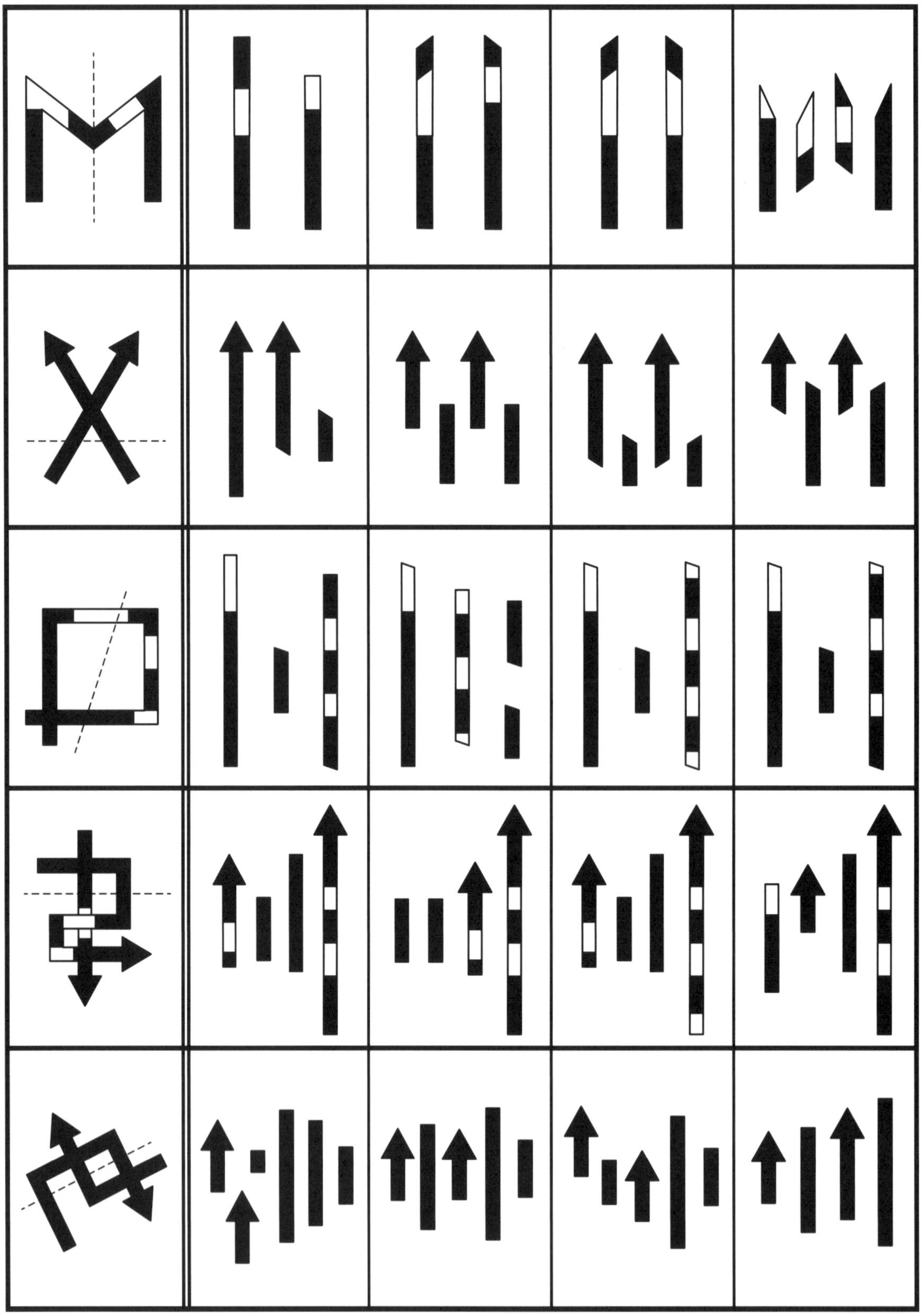

4

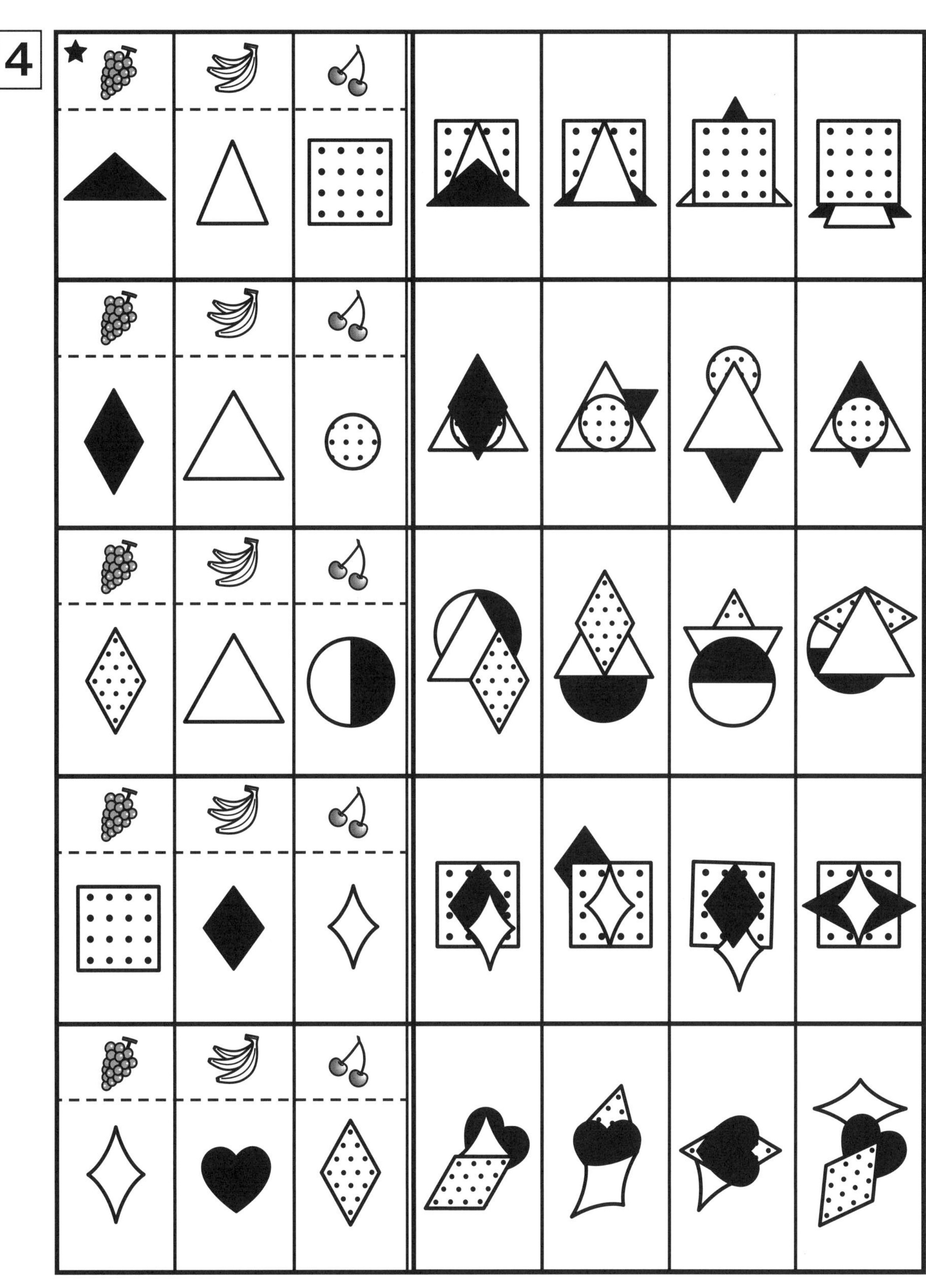

4

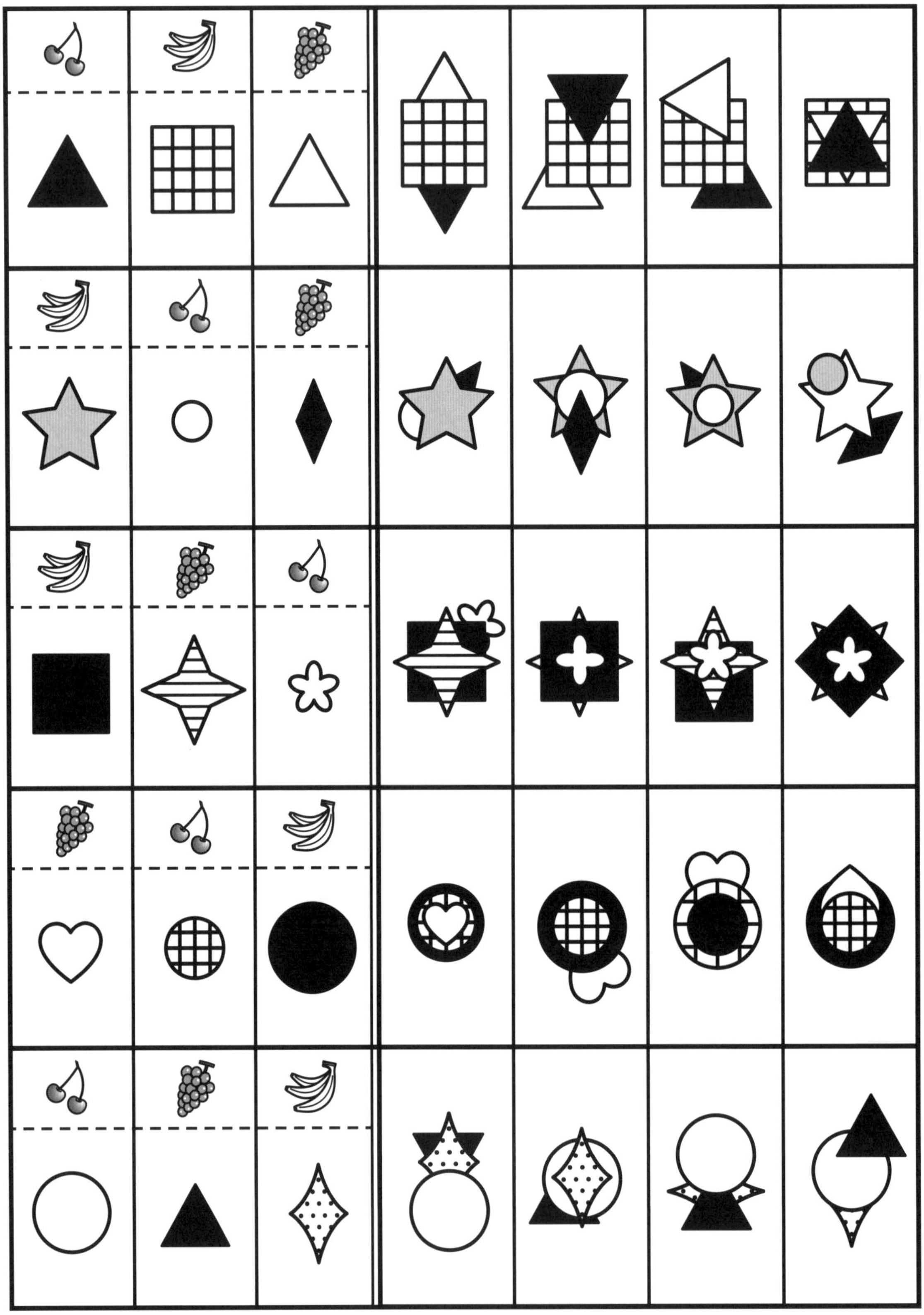

section
2016　成蹊小学校入試問題

選抜方法

考査は２日間で、１日目は午前に男子、午後に女子の考査が行われる。男女それぞれＡとＢの２グループに分けられ、10～15人単位でペーパーテストと運動テストを行う。２日目は男女混合の７、８人単位で、２グループが１つの教室で集団テストを行う。所要時間は１日目が約２時間、２日目が約１時間30分。２日目の考査と並行して保護者面接がある。

考査：１日目

ペーパーテスト

筆記用具は青のフェルトペンを使用し、訂正方法は＝（横２本線）。出題方法は話の記憶のお話のみテレビからの音声（映像、画像なし）で、ほかは口頭。男女により問題が異なる。

1　話の記憶（男子）

「えみちゃんが朝起きてカーテンを開けると雨が降っていました。お庭の木の陰では小鳥が雨宿りをしていて、きれいに咲いたアジサイの葉っぱの上をカタツムリがゆっくり動いているのが見えました。えみちゃんはいつも自分で幼稚園に行く準備をします。『今日は金曜日ではないから、スケッチブックとクレヨンはいらないわね』とお母さんが言ったので、ハンカチとティッシュペーパー、そしてお母さんが作ってくれたお弁当をかばんに入れました。水筒をかばんの横に置いて準備が終わってリビングルームに行くと、お父さんが朝ごはんを食べていました。えみちゃんもロールパン２つと、トマトとキュウリとレタスの入ったサラダを食べました。そしてとてもおなかがすいていたので、パンをもう１つおかわりしました。朝ごはんを食べたら歯磨きを済ませ、幼稚園に出かけます。えみちゃんは雨の日がうれしいのです。それはお気に入りのレインコートを着ることができて、長靴も履けるからです。えみちゃんのレインコートには大好きなウサギの絵が描いてあります。長靴はチェックの模様です。今日はお父さんも一緒に３人で幼稚園バスが来る停留所の近くまで出かけました。お父さんは黒い傘、お母さんは横じま模様の傘、えみちゃんは水玉模様の傘です。お父さんは駅に向かうので、八百屋さんの前で別れました。本屋さんの前を通ると、本屋さんのおじさんが本がぬれないようにビニールをかけていました。停留所に着くとお友達のたつき君がお母さんと一緒にバスを待っていました。『おはよう』とえみちゃんが言うと、たつき君が『おはよう、えみちゃん。ぼくは雨が嫌いだな』とつまらなそうに言いました。『なんで？』とえみちゃんが聞くと、『だって幼稚園のお庭で思いっきりボール けりをしたいのに、ずっと雨だとできないからさ』とたつき君が言いました。バスを待っている間に雨が上がりました。たつき君が『そうだ、雨で水たまりができていると思うから、バスが来るまで水たまりを探そう』と言ったので、２人は水たまりを探しました。停留所の前のベンチの下で、さっそく１つ目の小さな水たまりを見つけました。２つ目を探そうとしたらバスがやって来たので、幼稚園で探すことにしました。幼稚園に着いたえみちゃんとたつき君は、また水たまりを探しました。園庭にあるブランコの横やすべり台の下を通ると、上から雨のしずくが落ちてきました。そして２人はすべり台のそばで２つ目の大きな水たまりを見つけました」

・リンゴの段です。えみちゃんが朝、食べなかったものに○をつけましょう。
・ミカンの段です。えみちゃんが食べたパンの数はいくつですか。その数だけ星に○をつけましょう。
・ブドウの段です。えみちゃんが朝、お家のお庭を見たときに、木の陰で雨宿りをしていたのは何でしたか。カタツムリだと思ったら丸、イヌだと思ったら三角、小鳥だと思ったら四角、ネコだと思ったら星に○をつけましょう。
・メロンの段です。えみちゃんの着ていたレインコートに○をつけましょう。
・バナナの段です。えみちゃんのお母さんの傘に○をつけましょう。
・ナシの段です。えみちゃんが幼稚園のかばんに入れたものが、全部描いてある四角に○をつけましょう。
・スイカの段です。えみちゃんは会社に行くお父さんとどのお店の前で別れましたか。そのお店に○をつけましょう。
・パイナップルの段です。えみちゃんのお友達のたつき君が幼稚園でしたかったことに○をつけましょう。
・サクランボの段です。幼稚園で大きな水たまりのあった場所に○をつけましょう。
・イチゴの段です。このお話と仲よしの季節はいつですか。合う絵に○をつけましょう。

2 話の記憶（女子）

「たろう君と妹のまほちゃんは、お母さんと一緒に電車に乗ってお祭りに行きました。たろう君はトンボの模様の浴衣、まほちゃんはアサガオの模様の浴衣を着ています。お祭りの場所に着いたので、まず、お友達のけんた君と待ち合わせをしているかき氷屋さんの前に行きました。そしてけんた君が来るまで、かき氷を食べて待ちました。やがてけんた君がやって来てお店に行くことになりましたが、みんな行きたいところが違っていたので、ジャンケンをして決めることにしました。最初のジャンケンでは、まほちゃんがチョキ、たろう君とけんた君がパーを出してまほちゃんが勝ったので、まほちゃんが行きたいヨーヨー釣りのお店に行きました。たろう君は水玉模様のヨーヨーを１つ、まほちゃんは水玉模様のヨーヨーを２つ、けんた君はしま模様のヨーヨーを２つ釣りました。次にたろう君とけんた君がジャンケンをしました。2人ともさっき出したジャンケンと違うものを出し、たろう君が勝ったので、たろう君が行きたいと言っていたキンギョすくいのお店に行きました。たろう君は3匹、まほちゃんは1匹、けんた君は2匹すくいました。お店の人がたろう君とまほちゃんのキンギョを1つの袋に入れてくれました。最後にけんた君が行きたかった的当てのお店に行きました。的は1枚の四角い板でできていて、4つの部屋にそれぞれ動物の顔が描いてあります。その動物の顔に玉が当たると、動物のカードがもらえます。たろう君は、首の長い動物と鼻の長い動物のところに玉を当てることができて大喜びでした。日も沈んで空が暗くなり、花火大会が始まりました。お母さんが『花火がよく見える場所に行きましょう』と言って、近くの公園に連れていってくれました。子どもたちはジャングルジムに登って花火を見ました。まんまるの月の横に打ち上がる花火を見て、まほちゃんは『キクの花みたいできれい』と思いました」

・リンゴの段です。たろう君の浴衣の模様に○をつけましょう。
・ナシの段です。まほちゃんの浴衣の模様に○をつけましょう。
・ミカンの段です。たろう君とまほちゃんは何に乗ってお祭りに行きましたか。乗ったものに○をつけましょう。
・ブドウの段です。たろう君とまほちゃんがけんた君を待っている間に食べたものに○をつけましょう。
・カキの段です。たろう君とけんた君が2人でジャンケンをしたときに出した手の絵に○をつけましょう。
・バナナの段です。まほちゃんがヨーヨー釣りで釣ったヨーヨーはどれですか。○をつけましょう。
・メロンの段です。キンギョすくいでたろう君とまほちゃんがすくったキンギョを、お店の人が1つの袋にまとめてくれました。袋の中のキンギョは何匹になりましたか。○をつけましょう。
・スイカの段です。4種類の動物が描いてある四角い的が4つあります。たろう君が的当てで玉を当てたのはどの的ですか。○をつけましょう。
・クリの段です。子どもたちが花火を見た場所に○をつけましょう。
・サクランボの段です。まほちゃんは花火を見て、何のお花のようだと思いましたか。○をつけましょう。
・イチゴの段です。今のお話に合う季節は何ですか。春だと思ったら三角、夏だと思ったらハート、秋だと思ったら四角、冬だと思ったら星に○をつけましょう。

3 観察力（同図形発見）（男子）

プリントが2枚配付される。1枚目が終わったら2枚目を行う。1枚目の1段目（星印）は例題としてテスターと一緒に行う。
・左端のお手本と同じ絵を右から探して○をつけましょう。答えは向きが違うものもあります。1枚目が終わったら2枚目もやりましょう。

4 構成（女子）

プリントが２枚配付される。１枚目が終わったら２枚目を行う。１枚目の１段目（星印）は例題としてテスターと一緒に行う。

・左端の形を点線で切るとどのようになりますか。右から選んで○をつけましょう。答えは向きが違うものもあります。１枚目が終わったら２枚目もやりましょう。

運動テスト

機敏性・指示行動

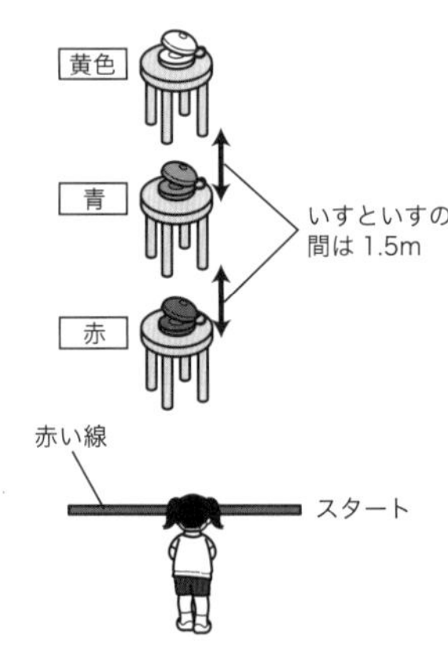

いすに赤、青、黄色のカスタネットが貼られている。赤い線からスタートして、指示された色の順番通りにカスタネットをたたき、また赤い線に戻る。いすの下の床には、カスタネットと同じ色のテープが貼ってある。指示は回によって若干異なる。

（指示例）赤→青→赤→黄色→赤 の順でたたく動きを２回くり返す。

玉入れ

赤い線の手前に立ち、テスターが１個ずつ渡してくれる玉入れ用の玉を受け取る（赤玉、白玉各５個）。白玉は左側の床に置かれた青い箱に下手投げで入れ、赤玉は右側の机の上の緑のカゴに上手投げで入れる。投げ入れる距離は約３ｍ。投げるときに赤い線は踏まない、入らなかった玉はそのままにしておくというお約束がある。

考査：２日目

集団テスト

生活習慣

机の上に大豆が約20個入った透明のプラスチックカップ、空の透明のプラスチックカップ、はし（長さ約18cmで先端に溝が数本入ったもの）が置いてある。立ったまま行う。空のカップにはしで大豆を移す。カップに手を添えてはいけない。

集団ゲーム（ボール送り）

グループで輪になり、真ん中にオニになった人が１人入る。周りの人は、１個のドッジボールを隣の人に手渡していく。オニが「ゴロゴロ」と言ったら、時計回り（右回り）にボールを送っていく。「ピカピカ」と言ったら時計と反対回り（左回り）にボールを送る。オニが「ドッカーン」と言ったときにボールを持っていた人が次のオニになる。これを「やめ」と言われるまでくり返す。オニ役の人はゆっくり言葉を言う、ボールは投げてはいけないというお約束がある。

行動観察（凝念）

いすの背に寄りかからずに姿勢を整えて座り、おへその前に手で「桃の実」の形を作る。鐘または太鼓が１回鳴ったら目を閉じ、２回鳴ったら目を開ける。

制　作

的当てをして遊ぶための吹き矢を作る。太いストロー、細いストロー、折り紙、クリップ、セロハンテープ、はさみが用意されている。

・細いストローの片側の先に、好きな形に切った折り紙をセロハンテープで貼る。細いストローの折り紙を貼っていない側を太いストローに差し込む。クリップをおもりとして折り紙につけてもよい。

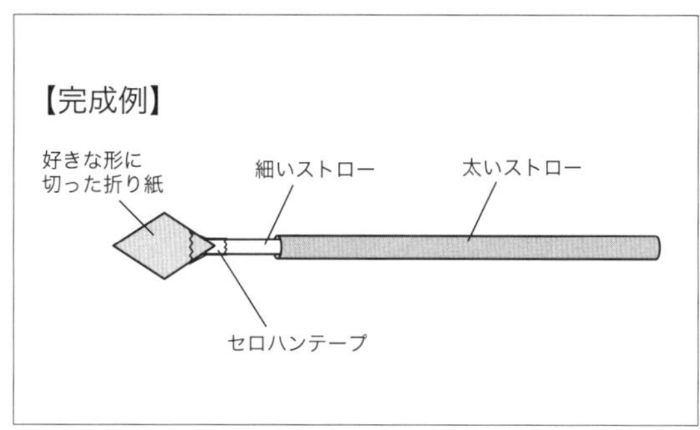

行動観察

グループごとに色画用紙、クーピーペン、ペットボトルのふた、的を貼ったり置いたりするための段ボール紙、ガムテープが用意されている。

（的作り）

・吹き矢用の的をグループごとに相談して作る。
（的当て）
・作った的と制作で作った吹き矢を使い、お友達とルールやお約束を決めて遊ぶ。「やめ」と言われたら遊びをやめて片づけをする。

保護者面接

※印はいずれかを１つずつ父親、母親に聞く。

父親

・「かわいい子には旅をさせよ」ということわざがありますが、お子さんにはどのようなことをさせていますか。※
・当校では個性を尊重していますが、わがままと個性の違い（境界線）はどこにあると思いますか。※
・（発展して）お子さんがわがままを言ったら、どのように注意しますか。
・（発展して）ご家庭または幼稚園（保育園）で、お子さんが個性を発揮したときのエピソードをお話しください。
・お子さんが携帯電話を持つことについて、どのようにお考えですか。

母親

・（仕事をしている場合）お子さんには、母親の姿がどのように映っていると思いますか。
・困難に直面したら、どう対処しますか。
・最近、どのようなことでお子さんの成長を感じましたか。
・お子さんにはどのように成長してほしいですか。
・お子さんが学校で勉強や人間関係につまずいたら、どのような声掛けをしますか。

面接資料／アンケート

出願時に家庭調査書（面接資料）を提出する。以下のような記入項目がある。

・志願者氏名、性別、生年月日、現住所、電話番号。
・保護者氏名、続柄。
・志願者の保育歴および性格。
・志願者の写真を貼付。
・志願の理由。
・通学経路と所要時間。

1

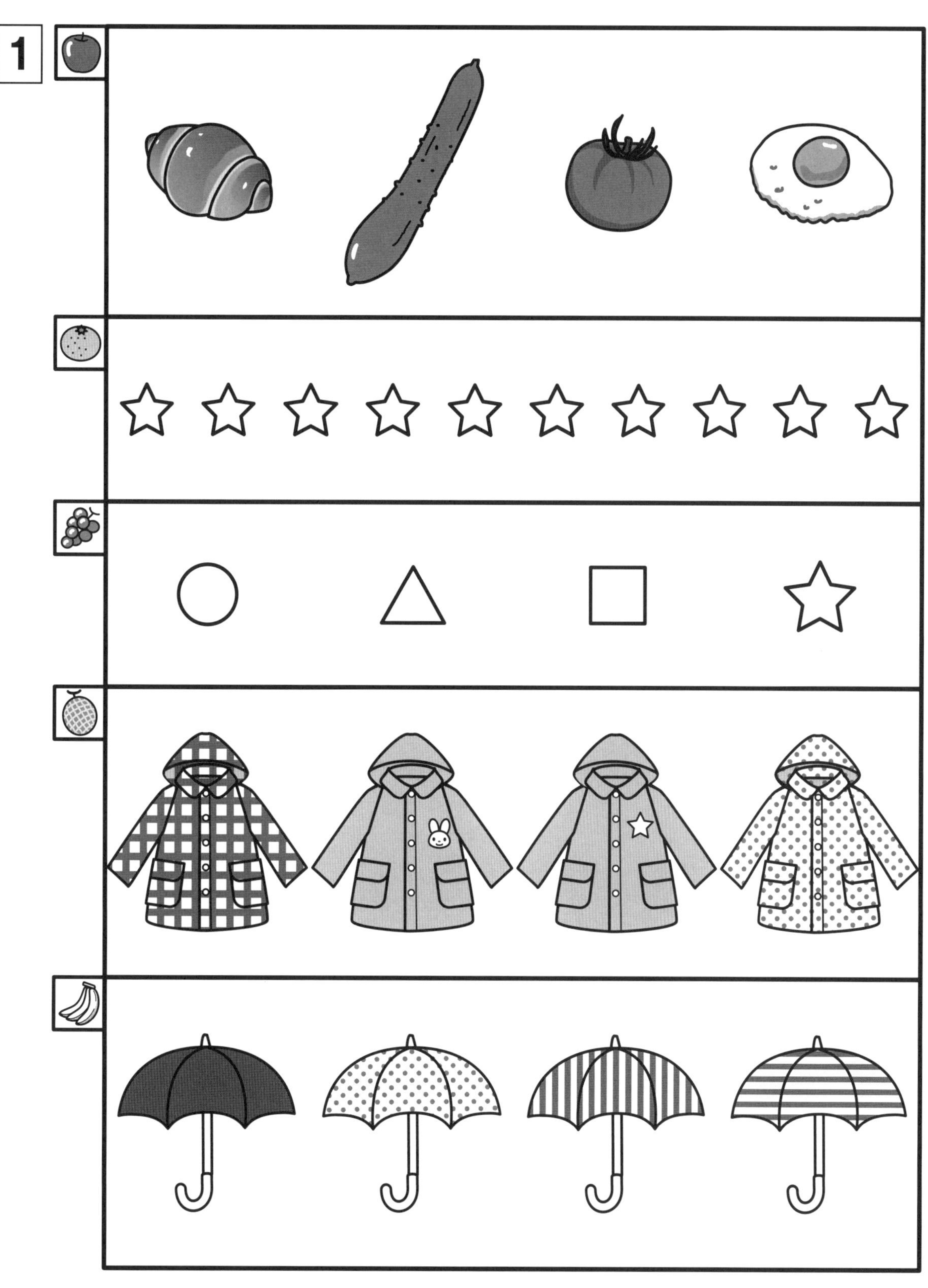

1

2

2

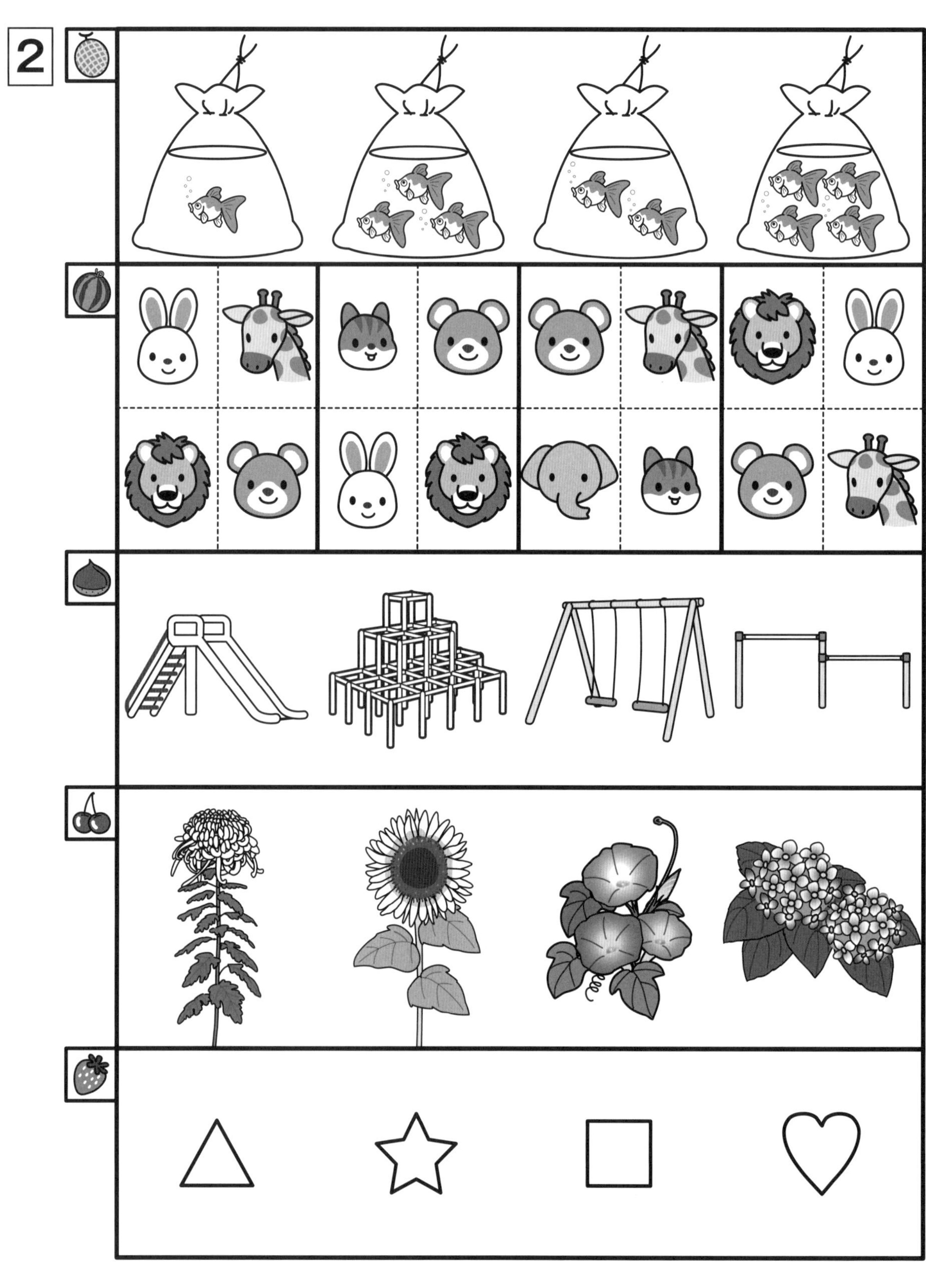

3

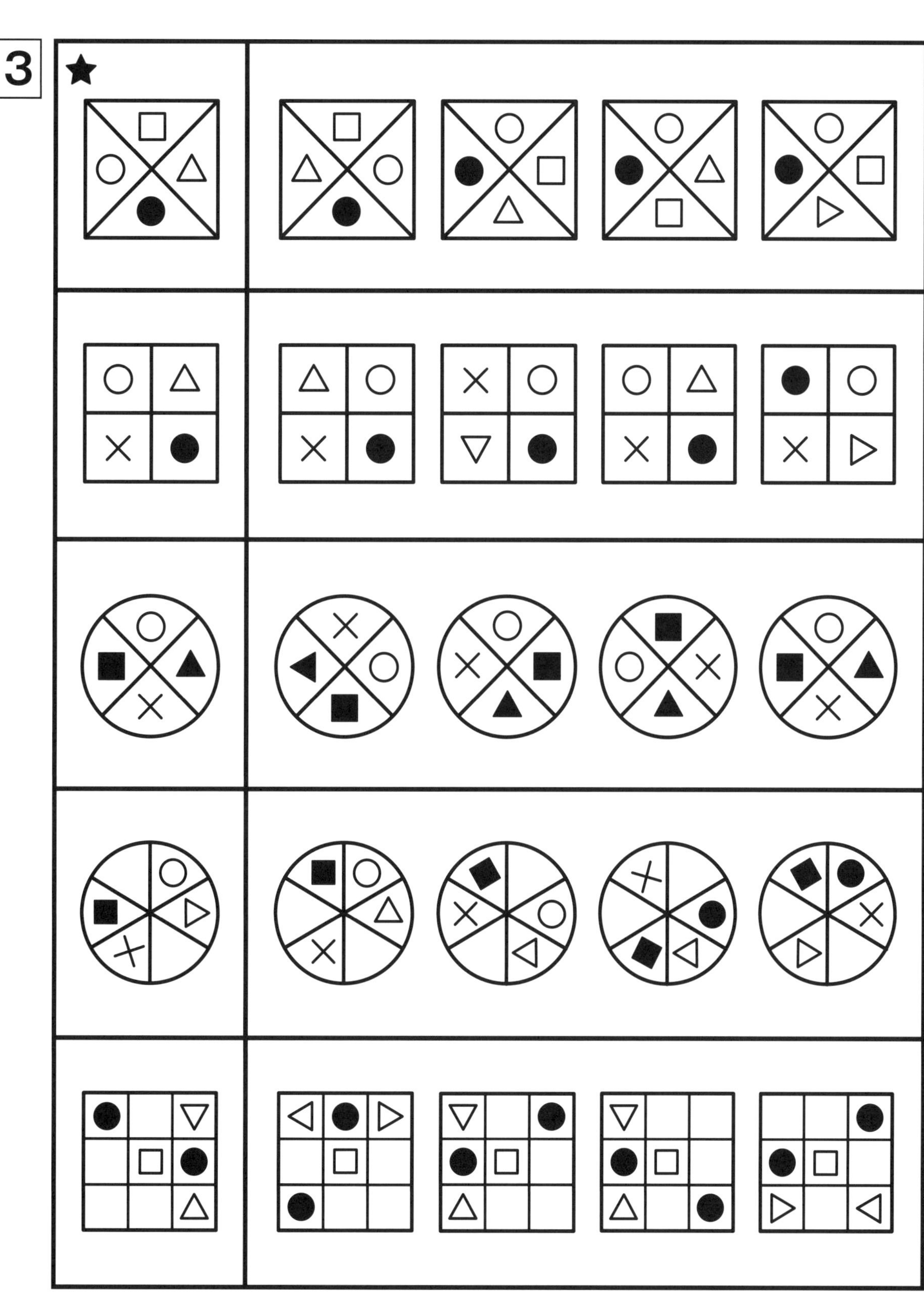

3

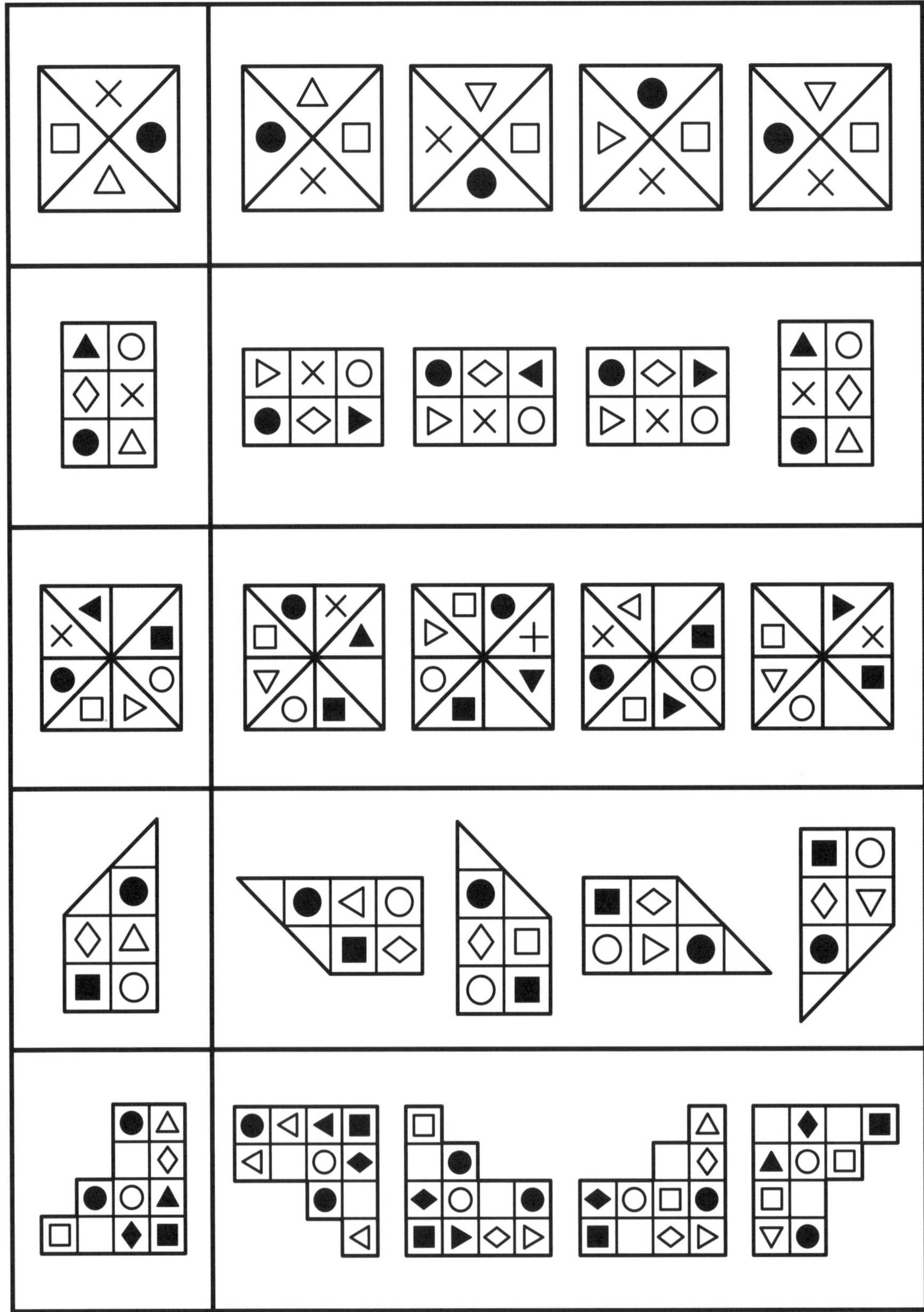

4

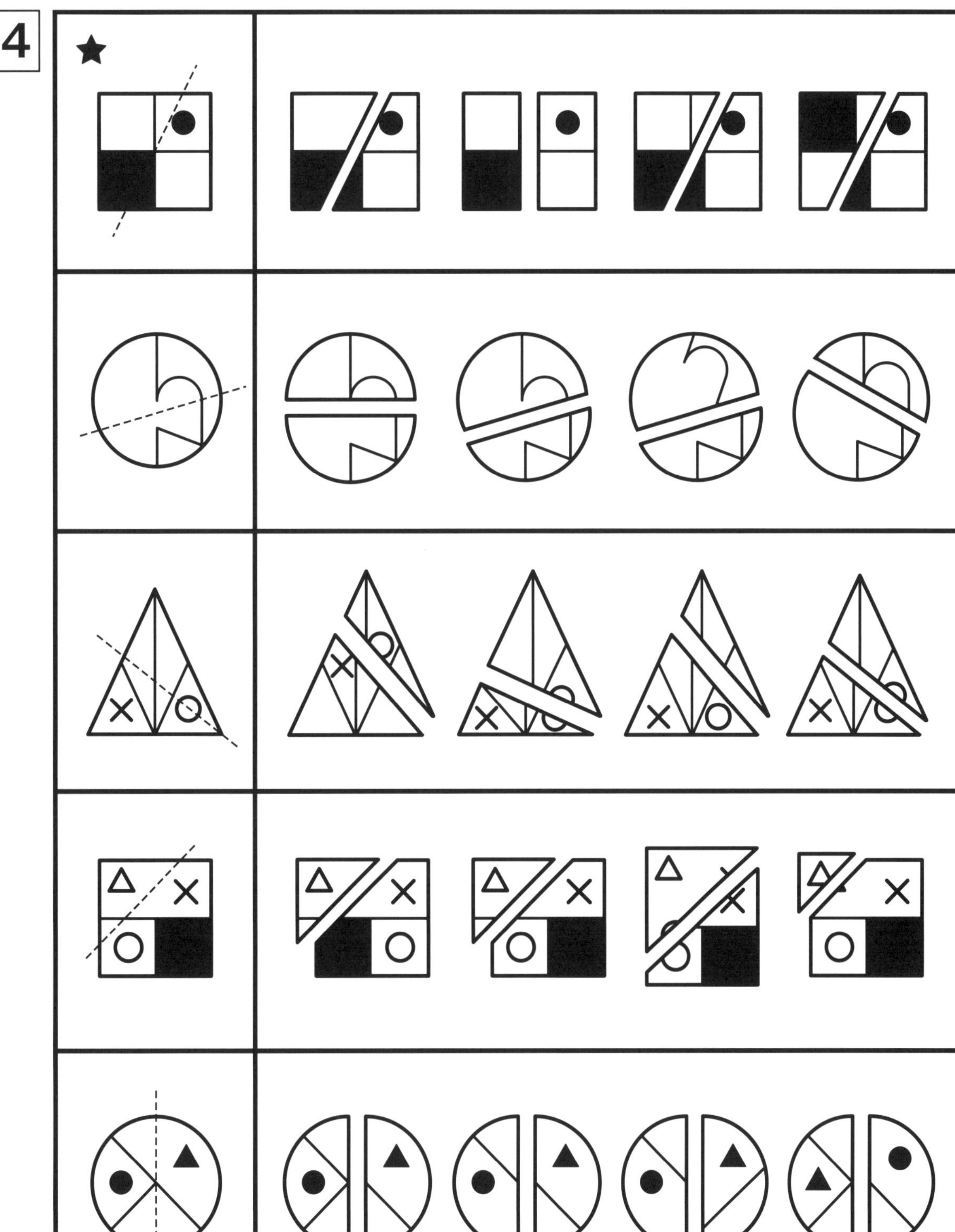

4

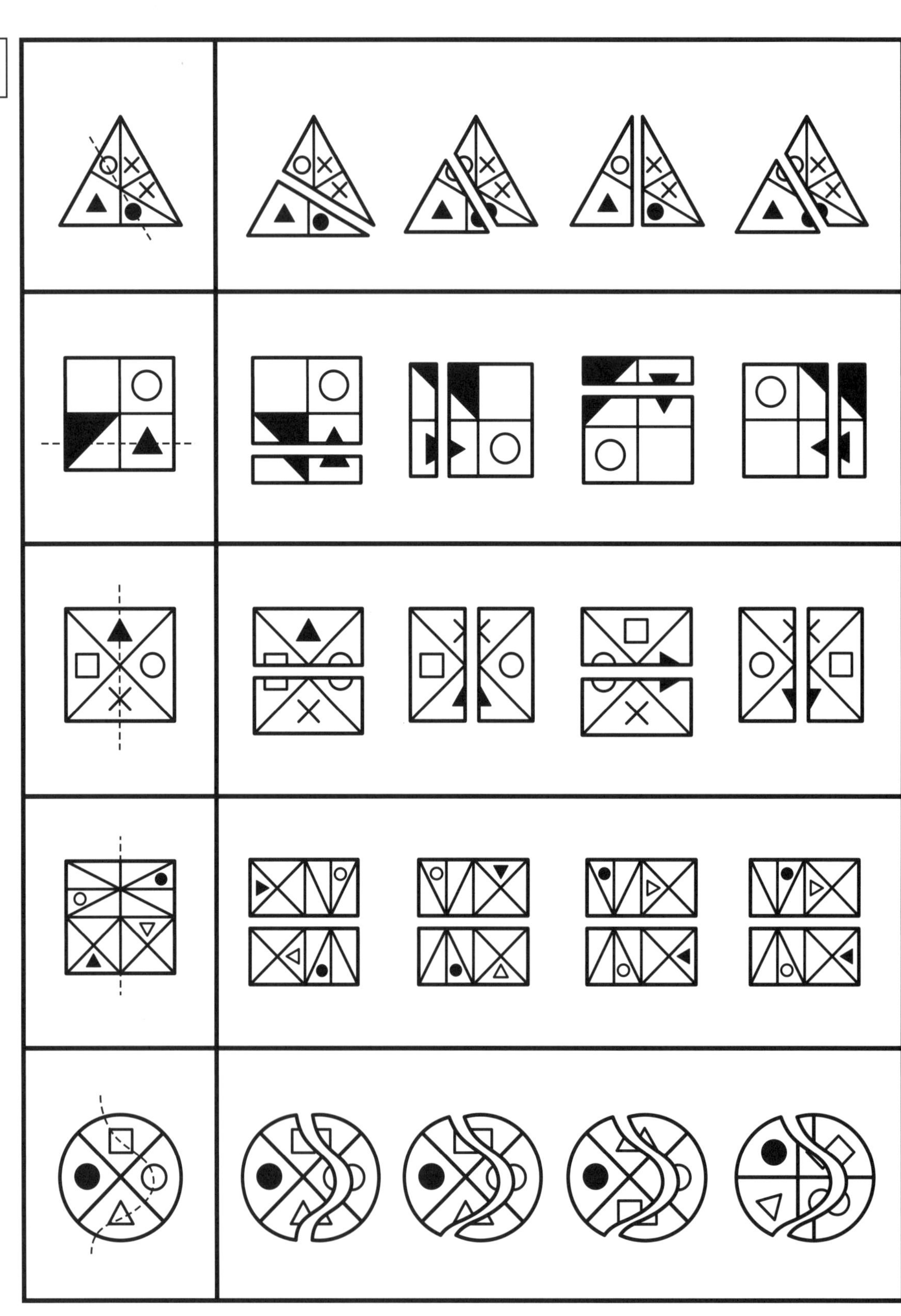

section
2015　成蹊小学校入試問題

選抜方法

考査は２日間で、１日目は午前に男子、午後に女子の考査が行われる。男女それぞれＡとＢの２グループに分けられ、10〜15人単位でペーパーテストと運動テストを行う。２日目は男女混合の約10人単位で、２グループが１つの教室で集団テストを行う。所要時間は１日目が約２時間、２日目が約１時間30分。２日目の考査と並行して保護者面接がある。

考査：１日目

ペーパーテスト

筆記用具は青のフェルトペンを使用し、訂正方法は＝（横２本線）。出題方法は話の記憶のお話のみテープ、ほかは口頭。男女により問題が異なる。

1　話の記憶（男子）

プリントが２枚（1－A、1－B）配付される。1－Aのプリントを見ながらお話を聞く。お話が終わると1－Aは回収される。

「あきら君がお家の畑で育てている野菜にお父さんと一緒に水をやっていると、お父さんが『キュウリとトマトがたくさん採れたから、おばあちゃんに届けてくれるかい。１人で行けるかな』と言いました。あきら君は『う、うん……』と言いました。いつもはお母さんと一緒に行っているので、初めて１人で行くのはちょっぴり心配だったのです。でも、あきら君は頑張っていつもお母さんと通る道を行くことにしました。その道は矢印のかいてある道です。お家を出て１つ目の角を右に曲がって、本屋さんの前を通り、真っすぐどんどん歩いていくと、お友達のりかちゃんのお家があります。りかちゃんのお家にはイヌのジョンがいます。ジョンに『おはよう』と言って頭をなでると、しっぽを振ってくれました。また歩いていくと、お肉屋さんの前でお友達のまもる君に会いました。『おいしそうなトマトだね。妹はトマトが好きなんだ』とまもる君が言ったので、５個あるトマトのうち３個をあげました。パン屋さんの前を通ると、パンを焼くいいにおいがしてきました。パン屋のお姉さんが『あきら君、ちょうどいいときに来たわね。今パンが焼けたところなのよ』と言って、クリームパンを１個くれました。あきら君がもらったクリームパンを食べ、『とてもおいしかったです。ありがとうございます』と言うと、お姉さんはおいしく食べてくれたお礼と言って、食パンを３枚くれました。食パンはおばあちゃんのお家にお土産に持っていくことにしました。おばあちゃんのお家はお友達とよく遊ぶ公園の隣にあります。おばあちゃんのお家に着き、あきら君はお家の畑で採れたキュウリとトマト、そしてパン屋さんでいただいた食パンをおばあちゃんに渡しました。おばあちゃんは『まあ、おいしそう』と言って、あきら君が持っていった野菜と食パンでおいしいお昼ごはんを作ってくれました」

1－Bのプリントを見ながら質問を聞く。
・リンゴの段です。あきら君はどの野菜をおばあちゃんのお家に持っていきましたか。○をつけましょう。
・ブドウの段です。あきら君が会ったイヌはどれですか。○をつけましょう。
・ミカンの段です。あきら君が会ったイヌのお家の手前には何のお店がありましたか。○をつけましょう。
・クリの段です。あきら君がまもる君にあげたトマトの数はいくつですか。その数だけ星に○をつけましょう。
・メロンの段です。あきら君がパン屋さんでもらってすぐに食べたパンは何でしょうか。食パンだと思ったら三角に、チョコレートパンだと思ったら丸に、クリームパンだと思ったら四角に、メロンパンだと思ったら星に○をつけましょう。
・モモの段です。おばあちゃんがお昼ごはんに作ってくれた料理は何だと思いますか。選んで○をつけましょう。
・サクランボの段です。おばあちゃんのお家の隣の公園になかった遊具に○をつけましょう。
・イチゴの段です。このお話の季節はいつですか。合う絵に○をつけましょう。

2 話の記憶（女子）

「動物村の秋のお祭りが近づいてきました。去年の動物村の秋のお祭りで、タヌキ君はやぐらの上で太鼓をたたく役に選ばれませんでした。だから、今年こそは太鼓をたたく役に選ばれたいと思い、春からお家で太鼓の練習を始めました。最初はトントントン（太鼓の音）と小さな音でしかたたくことができなかったのですが、イノシシ君がお家にやって来て教えてくれたので、大きな音でたたくことができるようになりました。タヌキ君がどんなリズムでたたくといいのかなと思っているとシカさんがやって来て、『これはできるかい』と言って『トントトトン（太鼓の音）』とたたきました。一生懸命練習したので、手にできたマメがまるでタヌキ君のおなかのようにふくれてしまいました。そのタヌキ君の様子を見て、ウサギさんが『頑張れ！　頑張れ！』と応援をしてくれました。そしてタヌキ君が頑張っていることを聞いたキツネ君がタヌキ君のお家にやって来ました。キツネ君は、去年太鼓をたたく役だったのです。『去年はこういうふうにたたいたんだよ。教えてあげるね』と言って、太鼓を『トントントトトントトトントン（太鼓の音）』とたたいて教えてくれました。タヌキ君はまたまた練習をしました。そのおかげでタヌキ君はやぐらで太鼓をたたく役に選ばれました。ヒマワリの花も咲き終わり、お祭りの日がやって来ました。タヌキ君はやぐらの上で上手に太鼓をたたきました。タヌキ君のたたく太鼓に合わせて、ウサギさんとキツネ君が笛を吹き、シカさんとイノシシ君が踊りました」

・リンゴの段です。タヌキ君はいつから太鼓の練習を始めましたか。合う季節の絵に○をつけましょう。
・カキの段です。タヌキ君のお家に最初にやって来たのはどの動物ですか。○をつけましょう。
・ブドウの段です。２番目にタヌキ君のお家にやって来たのはどの動物ですか。○をつけましょう。
・クリの段です。ではその動物がたたいた太鼓の音はどれでしたか。(テスターが太鼓をたたく)「トトントトン（太鼓の音)」この音だと思ったら三角に、「トントトトン（太鼓の音)」この音だと思ったらハートに、「トントントン（太鼓の音)」この音だと思ったら四角に、「トトトトトン（太鼓の音)」この音だと思ったら丸に○をつけましょう。
・ミカンの段です。お話に動物は全部で何匹出てきましたか。その数だけ星に○をつけましょう。
・モモの段です。タヌキ君が太鼓をたたいた場所に○をつけましょう。
・サクランボの段です。お祭りのとき踊っていたのはどの動物でしょうか。○をつけましょう。
・メロンの段です。このお話にあったお祭りの季節に咲く花に○をつけましょう。

3 点図形・推理・思考（男子）

プリントが２枚配付される。１枚目が終わったら２枚目を行う。１枚目の１段目は例題としてテスターと一緒に行う。

・左端のお手本と同じ形になるように点を結びましょう。お手本のすぐ右に１つだけかいてください。星からかき始めましょう。もし間違えたら、２本線では消さずにその隣の２つでかき直し、完成させましょう。２枚目は星の場所がお手本とは違う位置にあるので、そこがスタートになるようによく見てかきましょう。

4 点図形・推理・思考（女子）

プリントが２枚配付される。１枚目が終わったら２枚目を行う。１枚目の１段目は例題としてテスターと一緒に行い、お手本と同じく縦横の線３本と斜め線２本を使うこと、星から星へつなぐことを確認する。

・左端のお手本を見ると、点を縦や横につないだときと、斜めにつないだときでは、線の長さが少し違いますね。それでは、お手本と同じ長さの線を同じ数だけ使って星から星まで点を結ぶとすると、どのようなつなぎ方があるでしょうか。お手本のすぐ右に１つだけかいてください。もし間違えたら、２本線では消さずにその隣の２つでかき直し、完成させましょう。

運動テスト

両足跳び

真ん中の黄色のマットの上に立ち、前（青色）→真ん中→右（青色）→真ん中→後ろ（青色）→真ん中→左（青色）→真ん中へと両足跳びでの移動をくり返し、「やめ」と言われるまで行う。

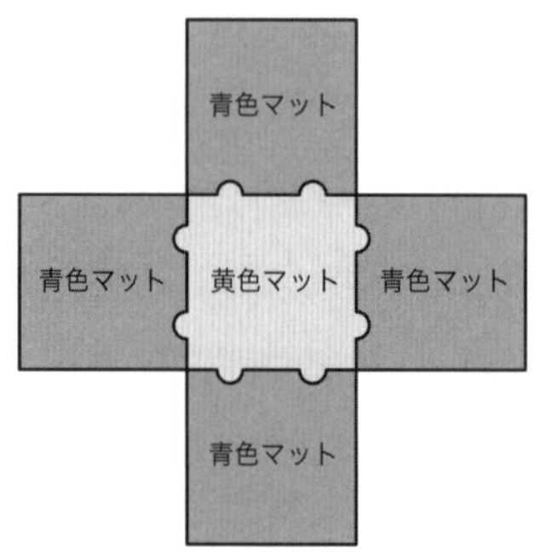

ボールつき

ドッジボールを１回バウンドさせ、ボールの下で１回拍手をしてからキャッチする。「やめ」と言われるまでくり返す。

考査：２日目

集団テスト

生活習慣

大豆が入った浅めのプラスチックの器が机の上に置いてある。はし（約18cmの長さで先端に溝が数本入ったもの）を使って、大豆を隣の小さめの透明プラスチックカップに移す。立ったまま行う。器やカップに手を添えてはいけない。

行動観察（凝念）

いすの背に寄りかからずに姿勢を正して座り、おへその前で手を重ね左右の親指を合わせて「桃の実」の形を作る。鐘または太鼓が１回鳴ったら目を閉じ、２回鳴ったら目を開ける。

制　作

スーパーボールを転がして遊ぶための道（コース）を作る。

・５色３枚ずつ計15枚の折り紙が入ったビニール袋が１人ずつ渡される。テスターが道（コース）の作り方を教えてくれる。その後、折り紙の折り方の説明が書いてある用紙（Ｂ５判）が一人ひとりに配られるので、折り方がわからなくなったらそれを見て行う。できるだけたくさん折る。

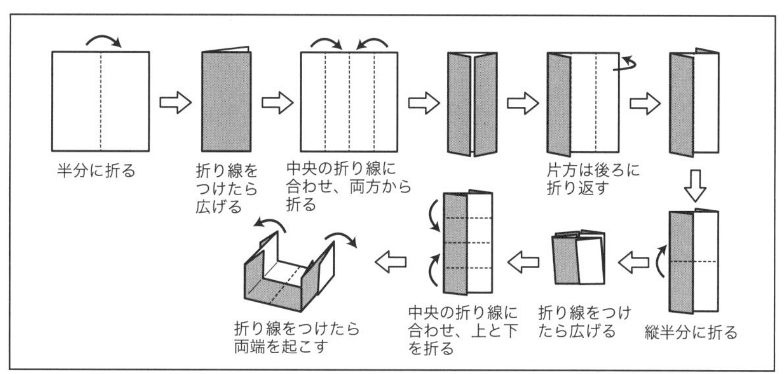

行動観察

・グループごとに折った折り紙を持ち寄り、斜めに置かれた段ボール紙の板（長さ約１m50cm、幅約50cm）に真っすぐな道（コース）ではなく、曲がった道（コース）になるようにお友達と相談して、セロハンテープで貼り、コースを作る。

・道（コース）ができたら、１人１個スーパーボールを使ってグループごとに相談して遊ぶ。

・遊びが終わったら、自分たちのグループの遊び方の紹介、道（コース）を作ったときに難しかったこと、もう１つのグループの道（コース）についての感想などを発表する（発表の内容や発表の仕方はグループによって多少異なる）。

保護者面接

願書に記入した内容について父親、母親のいずれかに聞くこともある。

父親

・今の子どもとご自身の子どものころを比べて、変わったと思うことを教えてください。

・（母親に、今の子どもと自身の子どものころの違いが質問された場合）奥さまの話を受けてどう思いますか。

・お子さんから見て、お父さまはどのような存在だと思いますか。

・家族の中で大切にしていることは何ですか。

・奥さまはお子さんにどのように思われていると思いますか。

・お子さんがどのような大人になることを望んでいますか。

・オープンスクールに参加して、どのような印象を持ちましたか。

母 親

・今の子どもとご自身の子どものころを比べて、変わったと思うことを教えてください。
・（父親に、今の子どもと自身の子どものころの違いが質問された場合）ご主人の話を受けてどう思いますか。
・（父親に、子どもから見た父親の存在について質問された場合）ご主人の話を受けて、お母さまはいかがですか。
・お子さんから見て、お母さまはどのように思われていると思いますか。

面接資料／アンケート

出願時に家庭調査書（面接資料）を提出する。以下のような記入項目がある。

・志願者の氏名、性別、生年月日、現住所、電話番号。
・保護者氏名、続柄。
・志願者の保育歴および性格。
・志願者の写真を貼付。
・志願の理由。
・通学経路と所要時間。

1
—
A

1
B

2

※実際のテストでは、星印は赤い点で表示

3

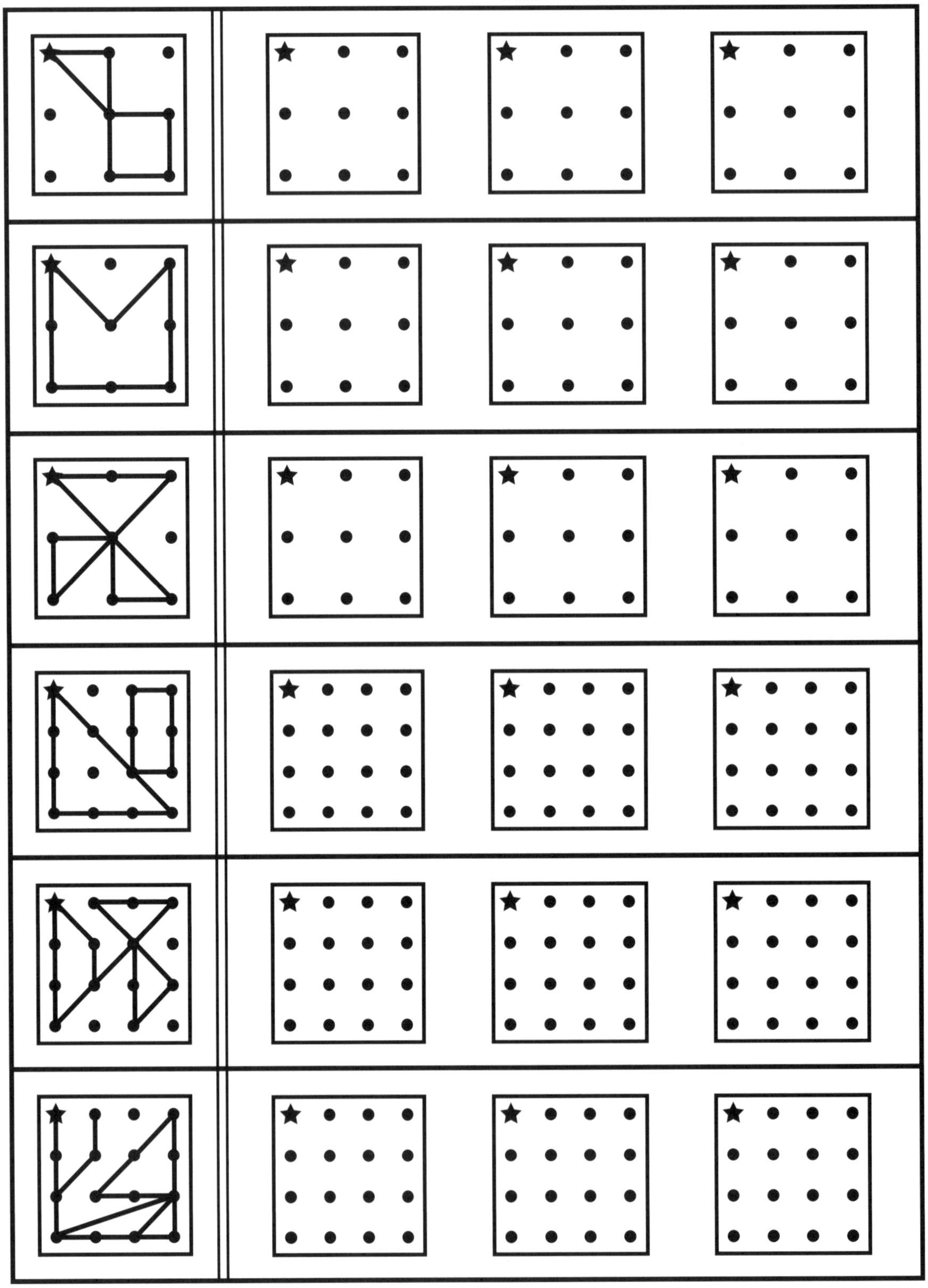

※実際のテストでは、星印は赤い点で表示

3

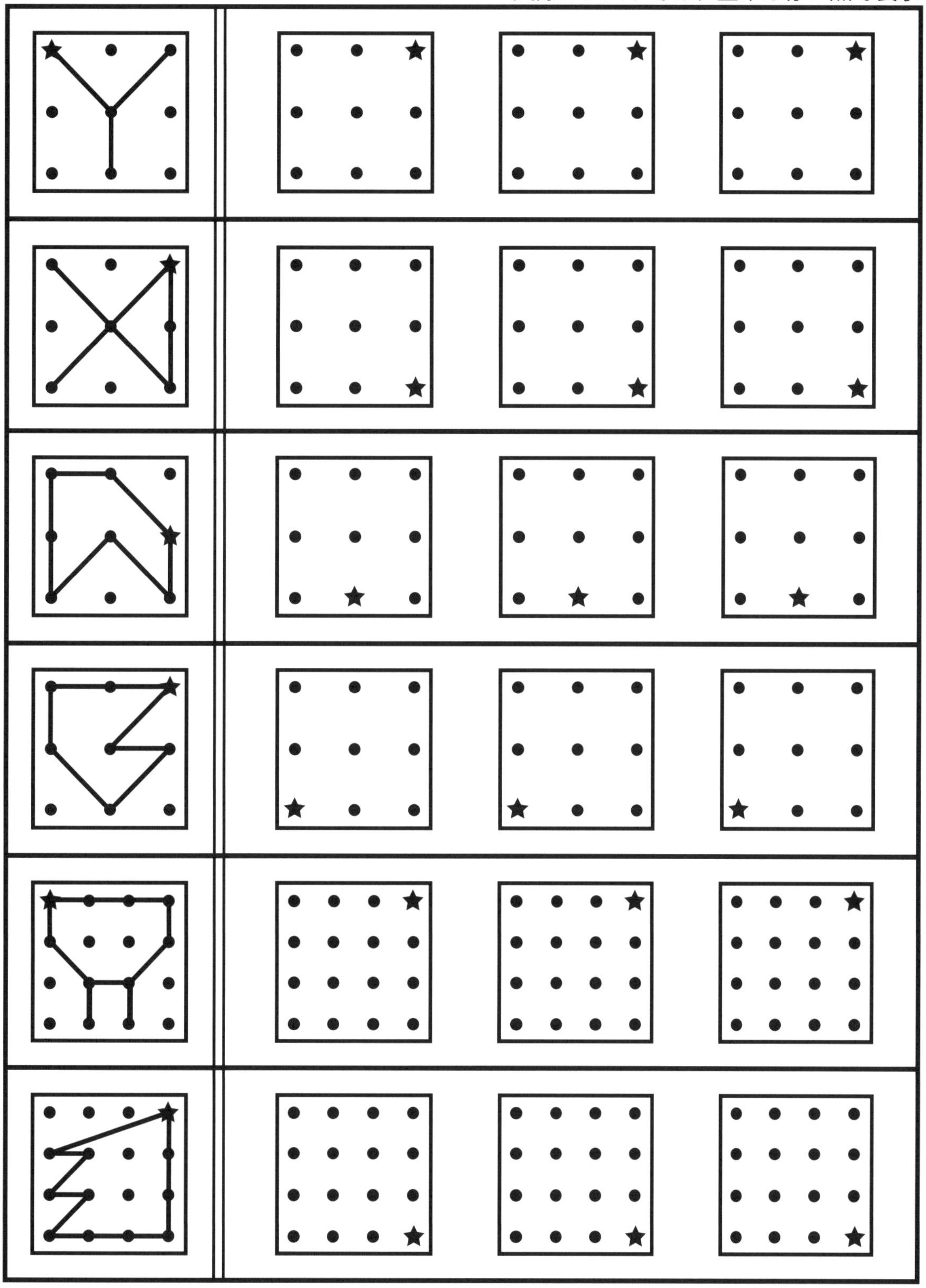

※実際のテストでは、星印は赤い点で表示

4

※実際のテストでは、星印は赤い点で表示

4

section
2014　成蹊小学校入試問題

選抜方法

考査は２日間で、１日目は午前に男子、午後に女子の考査が行われる。男女それぞれＡとＢの２グループに分けられ、約10人単位でペーパーテストと運動テストを行う。２日目は男女混合の約10人単位で集団テストを行う。所要時間は１日目が約２時間、２日目が約１時間30分。２日目の考査と並行して保護者面接がある。

考査：１日目

ペーパーテスト

筆記用具は青のフェルトペンを使用し、訂正方法は＝（横２本線）。出題方法はテープと口頭。男女により問題が異なる。

1 話の記憶（男子）

「ゆうた君は縄跳びが大好きな男の子です。今日も幼稚園に行ったら縄跳びで遊ぼうと思っています。ゆうた君は朝ごはんを食べ、幼稚園に行きました。幼稚園に行く途中にはいろいろな色のチューリップが咲いていました。幼稚園に着き、かばんを置いたらさっそく、長縄を取りに行きました。『おはよう！　一緒に縄跳びをしようよ』。お友達のたくみ君とさくらちゃん、そしてエプロンをつけたゆき先生と一緒に仲よく縄跳びをしました。最初にゆき先生とゆうた君が長縄を回しました。最初に跳んだのはたくみ君です。たくみ君は８回跳びました。次はゆうた君です。『よーし、たくみ君よりもいっぱい跳ぶぞ』と頑張りましたが、残念なことにゆうた君が跳べたのは５回でした。その後３人はオニごっこをして遊びました。ゆうた君はジャンケンでグーを出し、ほかのお友達はみんなパーを出したのでゆうた君がオニになりました。『１、２、３……』。ゆうた君は10まで数えると『よーし』と捕まえに行きました。『みーつけた！』ゆうた君はたくみ君をすべり台の上で捕まえました。さくらちゃんはジャングルジムに隠れていたので見つけることができませんでした。オニごっこをして遊んだ後、みんなはお部屋に戻ってお昼ごはんを食べました。お弁当はどれもおいしそうです。『わーい！』ゆうた君のお弁当には大好きなサッカーのボールの形をしたおにぎりが入っていました。でも、さくらちゃんとたくみ君は少し嫌な顔をしています。嫌いなものが入っていたからです。さくらちゃんにはニンジン、たくみ君にはナスが入っていました。たくみ君は頑張って食べましたが、さくらちゃんはどうしても食べられなくて残してしまいました。お弁当を食べた後、ゆうた君たちはお部屋の掃除をしました。ゆうた君はほうきでゴミを掃き、たくみ君とさくらちゃんは、ぞうきんで窓をふきました。掃除が終わると、ゆき先生が『ありがとう、お疲れさま』と言ってくれました。そして、スモックをロッカーにかけ、帰りの準備をしてお家に帰りました」

・イチゴの段です。最初に長縄を回した人の組み合わせが正しく描いてある四角に○をつけましょう。
・リンゴの段です。たくみ君が長縄を跳んだ数だけ星に○をつけましょう。
・サクランボの段です。オニごっこでさくらちゃんが隠れていた場所はどこですか。○をつけましょう。
・バナナの段です。さくらちゃんがお弁当で残してしまったものはどれですか。○をつけましょう。
・ミカンの段です。ゆうた君の好きなスポーツを選んで○をつけましょう。
・ブドウの段です。掃除のときにゆうた君が使った掃除道具はどれですか。○をつけましょう。
・モモの段です。掃除の後、ゆき先生は何と言いましたか。「ありがとう、きれいになったわね」だと思ったら星、「とてもよく頑張りましたね」だと思ったら四角、「ありがとう、お疲れさま」だと思ったらダイヤ、「ありがとう、ご苦労さま」だと思ったら三角に○をつけましょう。
・パイナップルの段です。このお話の季節はいつですか。合う絵に○をつけましょう。

2 話の記憶（女子）

「けんた君は、お兄ちゃんとお父さんとお母さんと一緒に、おじいちゃんのお家へ遊びに行きました。お兄ちゃんは、しましまの洋服を着て麦わら帽子をかぶりました。けんた君はお気に入りのクマの絵のシャツを着てツバのついた帽子をかぶっています。おじいちゃんのお家へは最初バスに乗り、次に新幹線に乗っていきました。駅に着くとおじいちゃんがけんた君の家族を迎えに車で来ていました。『みんな、よく来てくれたね』。おじいちゃんの運転する車で曲がりくねった山道をどんどん進むとセミの鳴き声がたくさん聞こえてきてとてもにぎやかです。やっとお家に着いて荷物を置くと、おじいちゃんが『さあ、これから畑に行くぞ』と言ったので、みんなで畑に行き、ナスとピーマンを採りました。そして､家に戻るとおばあちゃんがゆでたトウモロコシを用意してくれていました。『わあ！　おいしい！』トウモロコシは甘くてけんた君はいっぱい食べました。少し休憩して、けんた君とお兄ちゃんは虫捕りに出かけました。山にはいろいろな虫がいます。けんた君とお兄ちゃんは楽しくなってわくわくしてきました。お兄ちゃんがカブトムシを見つけてそーっと近寄っているとき、帽子にトンボがとまりました。『お兄ちゃん！　動かないで！』けんた君がトンボ目がけて虫捕り網を動かすと、トンボはびっくりしたように逃げてしまいました。『あー、残念！』でも、お兄ちゃんはカブトムシを１匹、けんた君はクワガタムシを２匹捕まえたので、『やったあ！』と大喜びです。２人は満足してお家に戻ると、冷やしたトマトをガブリと食べました。とても甘くておいしかったです。夜は近くで花火大会があるので、おじいちゃんやおばあちゃん、そして家族全員で花火を見に出かけました。空一面に大きな花火が打ち上げられ、とてもきれいでした」

・イチゴの段です。お兄ちゃんとけんた君が正しく描いてある四角を探して○をつけましょう。

・バナナの段です。おじいちゃんのお家に行くとき、バスの次に乗った乗り物は何でしたか。○をつけましょう。

・パイナップルの段です。畑から帰ってきておやつに食べたものに○をつけましょう。

・リンゴの段です。お兄ちゃんの帽子にとまっていたのは何でしたか。○をつけましょう。

・サクランボの段です。山で鳴いていたものは何でしたか。○をつけましょう。

・ブドウの段です。けんた君とお兄ちゃんは虫を合わせて何匹捕ったでしょうか。1匹だと思ったら三角に○、2匹だと思ったらハートに○、3匹だと思ったら星に○、4匹だと思ったら四角に○をつけましょう。

・モモの段です。花火大会には何人で行きましたか。その数だけ星に○をつけましょう。

・ミカンの段です。このお話の季節の絵に○をつけましょう。

3 推理・思考（進み方）（男子）

・上にお約束がかいてあります。ハートは下に1つ、クローバーは左に1つというように印の下の矢印の向きに1つずつ進みます。ただし、お日様があったときには、それより後の印は今までのお約束と反対の向きに進みます。ネコのマス目にぶつかったら、そこから先には進めません。では、マス目の中のネズミが、それぞれのマス目の上にある印を左から順番に進むとどのマス目に着きますか。その場所に○をかきましょう。

4 観察力（同図形発見）（女子）

・左端がお手本です。お手本と同じものを右側の4つの中から選んで○をつけましょう。形はそのままのものも向きが変わっているものもあります。

運動テスト

ケンケン・ゴム段跳び

緑色のマットの上に立ち、右足ケンケンで進む。途中にあるゴム段（床から5cm程度の高さで鈴がつけられている）を片足で跳び越える。コーンのところで90度に曲がり、途中にあるゴム段を片足で跳び越えて赤マットの上に乗る。帰りは左足ケンケンで同様に行い、元に戻る。

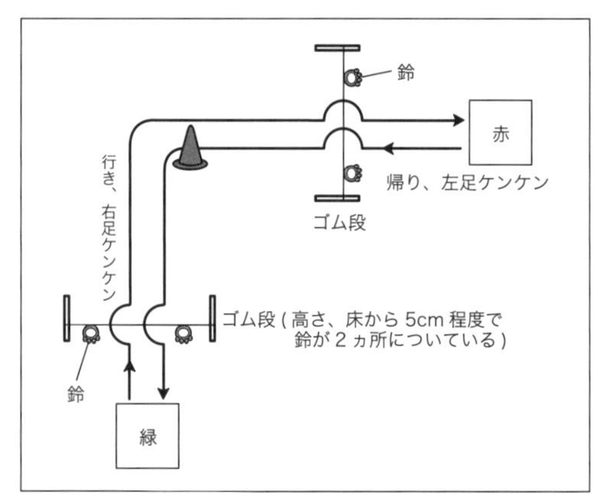

ボール投げ入れ

ラインから出ないようにしてボールを1回バウンドさせ、机の上の箱の中に入れる。1人10回行う。入らずに手前に転がったボールは自分で拾う。箱の向こう側に転がったボールはテスターが拾ってくれる。

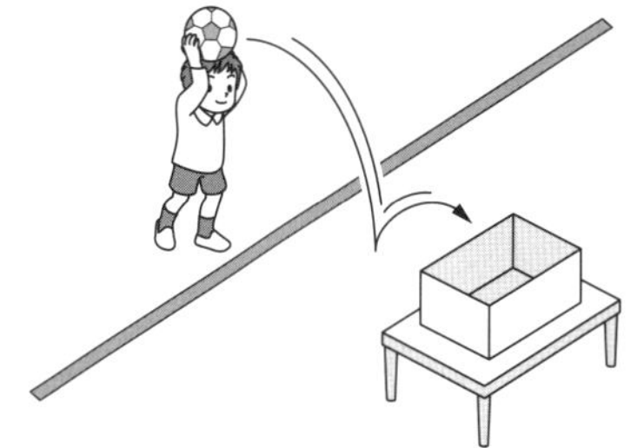

考査：2日目

集団テスト

生活習慣

大豆が入った浅めの器が机の上に置いてある。割りばしを使って大豆を隣のカップに移す。立ったまま行う。器は押さえてもよいが持ち上げてはいけない。

制作・劇発表

テスターが、1つの童話を話の途中まで読み聞かせる。取り上げられた童話は、「おおかみと七ひきのこやぎ」、「おむすびころりん」、「浦島太郎」、「桃太郎」、「おおきなかぶ」など。このお話の劇をグループで行う。「おおかみと七ひきのこやぎ」の場合は、まず、お母さんヤギ、オオカミ、子ヤギの役とセリフを相談して決める。そして、お面や時計など劇に必要なものを相談して作る。材料として、布、折り紙、白画用紙、段ボール紙、黒のフェルトペン、スティックのり、セロハンテープ、はさみなどが用意されている。その後、グループごとに順番に発表する。また、ほかのグループの発表を体操座りで見る。

保護者面接

願書に記入した内容について聞くこともある。

父 親

・公共機関を利用するとき、お子さんに注意していることは何ですか。
・お子さんと一緒の時間をどのように過ごしていますか。
・マナーの悪い人を見たとき、どのように諭していますか。
・お子さんが騒いでいるとき、どのように話していますか。
・よそのお子さんが騒いでいた場合、どのように対応していますか。

・(母親の質問内容に対して）お父さまから何か補足する点はありますか。
・ご自身の休日の趣味や、興味のあることは何ですか。

母 親

・お子さんに点数をつけると何点になりますか。
・(成蹊高校出身者に対して）小学校の校舎や生徒の姿などを見たことはありますか。
・公共機関を利用する際、お子さんに気をつけている点は何ですか。
・今日、昨日と本校に来られて、お子さんの様子はいかがですか。
・(３姉妹の受験者に対して）なぜ、(活発な男の子もいる）成蹊小学校を選ばれたのですか。

面接資料／アンケート

出願時に家庭調査書(面接資料)を提出する。以下のような記入項目がある。

・志願者氏名、性別、生年月日、住所、電話番号。
・保護者氏名、続柄。
・志願者の保育歴および性格。
・志願者の写真を貼付。
・志願の理由。
・通学経路と所要時間。

1

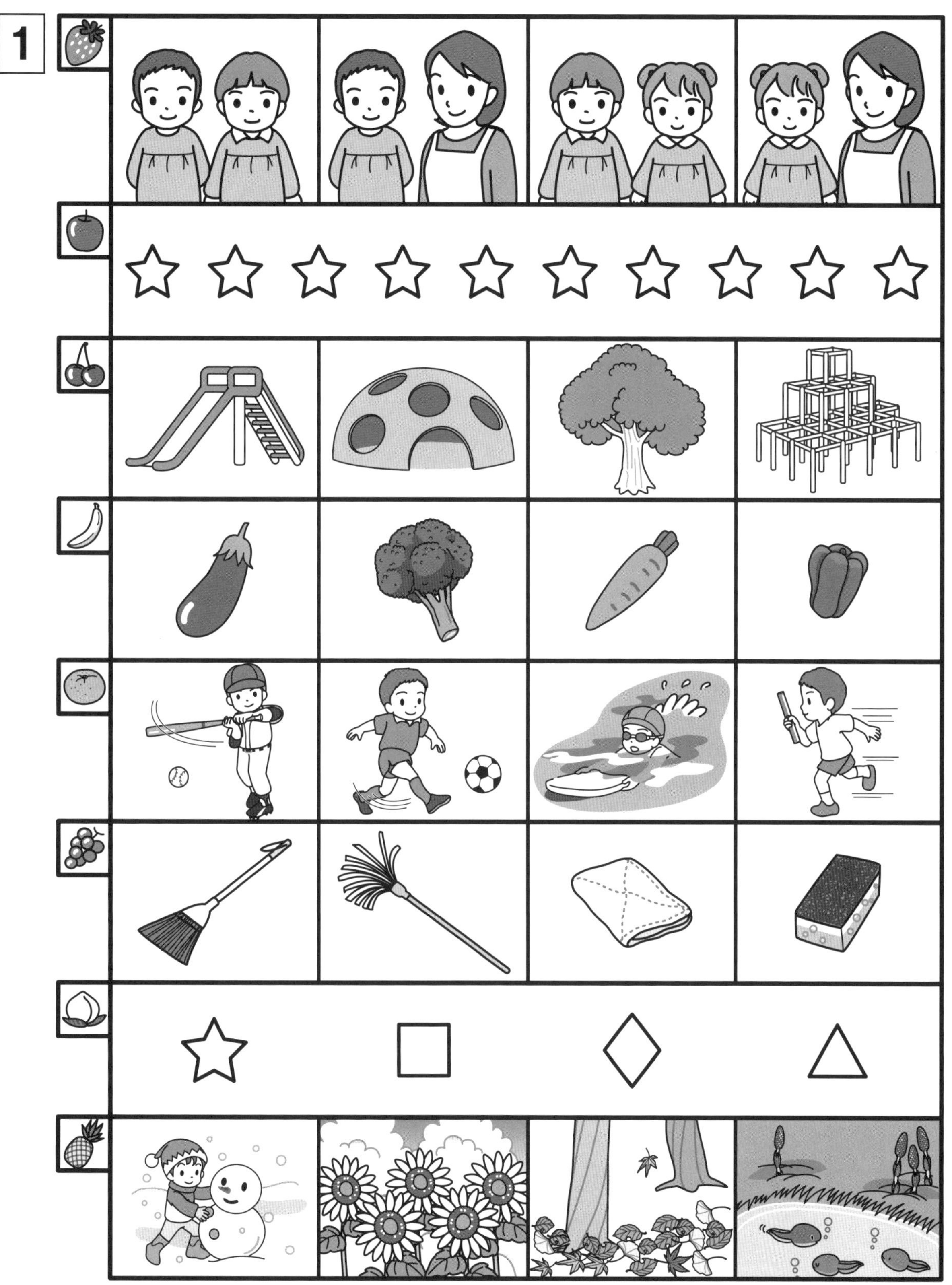

2023
2022
2021
2020
2019
2018
2017
2016
2015
2014

2

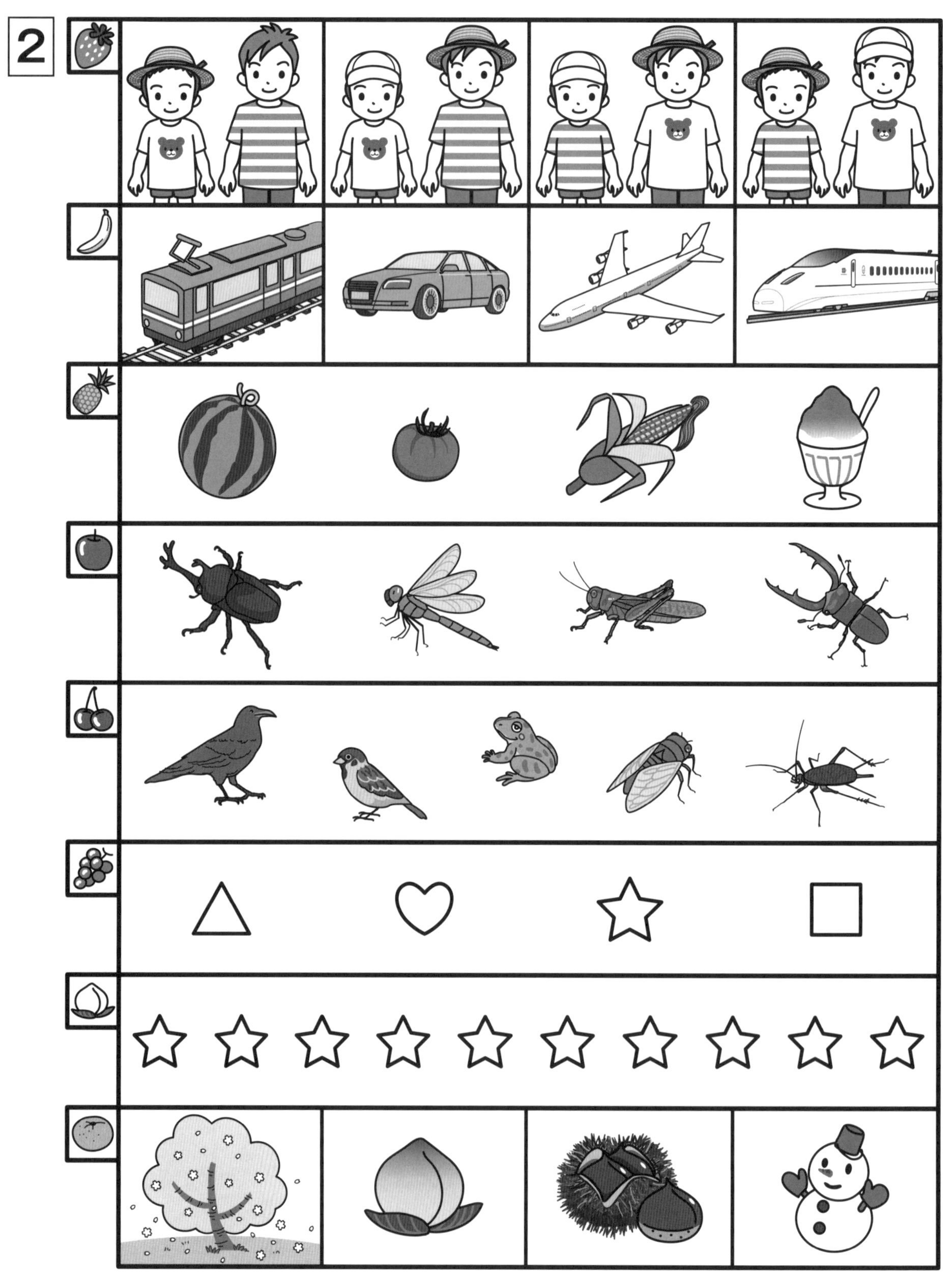

3

2023
2022
2021
2020
2019
2018
2017
2016
2015
2014

4

成蹊小学校
入試シミュレーション

成蹊小学校入試シミュレーション

1 話の記憶

「森の中にいつも動物たちを見守っている大きな木があります。『今日は雲一つない素晴らしいお天気。木の実を集めに行こう』とリスさんは出かけました。真っ青だった空に少しずつ雲が出てきました。その雲はだんだん黒くなって今にも雨が降りそうになり、リスさんは『大変大変、雨が降りそうだわ』と急ぎ足で歩きました。『あーあ、やっぱり雨が降ってきちゃった』。空からはポツリポツリと大粒の雨が落ちてきました。『困ったなあ、よいお天気だったから傘は持ってこなかったし。そうだ、あの木の下で雨宿りしていこう』と大きな木の下にやって来ました。リスさんが木の下で雨宿りをしていると、『僕も傘を持ってこなかったんだ。雨宿りしていくね』とサル君がやって来ました。２匹が『雨はどんどん強くなるね。早くやまないかな』とお話をしていると、『わたしも入れて』とウサギさんがやって来ました。『ひゃー、あんなによいお天気だったのにこれはないよ』とネズミ君が急いで木の下に入りました。『なんだか狭いね』とウサギさんが言うと、不思議なことに木の枝が横に広がり葉っぱの屋根のようになりました。『すっごい雨。あんなに青空が広がってたのにこれはないよ』とクマ君も急いで木の下に入りました。するとまた木の枝が広がりました。雨はどんどん強くなります。クマ君に続きタヌキ君、シカさんも『もう、突然降ってくるんだもん。わたしたちも仲間に入れてね』と木の下に入りました。木の枝はまたグングン広がりました。『わたしたちがぬれないように守ってくれているんだね』とウサギさんが言いました。しばらくすると雨がだんだん弱くなりました。空が少しずつ明るくなり、雲の切れ間から太陽が顔を出し、雨はすっかり上がりました。枝を大きく広げていた木は安心したかのように元の姿に戻りました。『ありがとう森の木さん。おかげで雨にぬれずにすみました』と動物たちはお礼を言いました。空を見たリスさんが『きれいな虹！』と驚きの声を上げました。動物たちが空を見ると、大きな虹が架かっていました。森の大きな木は安心したように風に葉っぱを揺らしていました」

・上の段です。お話に出てこなかった動物に×をつけましょう。
・真ん中の２段です。お話の空の様子の順番が正しいと思うものに○をつけましょう。
・下の４段です。お話に出てきた順番に動物が左から並んでいる段に○をつけましょう。

2 推理・思考（対称図形）

・折り紙を左の絵のように折り、黒いところを切って開くとどのようになりますか。右の中から正しいと思うものに○をつけましょう。回したり裏返したりはしていません。

3 構　成

・左の２つの影を重ねたりくっつけたりしてもできないものを、右の中から選んで○をつけましょう。

4 推理・思考・常識（仲間分け）

・左のマス目には仲間でないものが１つあります。それを通らずに仲間を全部通る道を右の中から選んで○をつけましょう。

5 推理・思考

・左の四角の中の左端のものを一番奥にして順に手前に置いていくと、正面からはどのように見えますか。右の四角の中から選んで○をつけましょう。

6 推理・思考（進み方）

ジャンケンで勝つと、動物は１マスずつ矢印の方向（最初に円の右半分にいる動物は右回り、左半分にいる動物は左回り）に回っていきます。内側の果物や星のマークは動きません。
・右のようにジャンケンをしたらウサギ、クマはどのマークのところに来るでしょうか。上にあるそれぞれの動物の横の印を、下の四角につけましょう。

7 推理・思考（展開図）

・左上のお手本を組み立てたときにできるものに○をつけましょう。

8 推理・思考（折り図形）

・白丸が重なるように折って開き、次に黒丸が重なるように折って開くとどのような折り目になると思いますか。右の中から選び○をつけましょう。

9 構　成

・上にかいてあるカードを使って下の絵を作りたいと思います。どのカードをどの場所に置いたらよいか、右のマス目に置くカードの印をかきましょう。

10 推理・思考（重ね図形）

・上の左にある４つの四角を見ましょう。ダイヤ、ハート、クローバー、スペードの下の形は、透き通った紙にかかれています。下の段の左端にかかれたマークの順番に、それぞれの形をそのまま重ねていくとどのようになりますか。右の中から選んで○をつけましょう。ただし、右上にある星の四角を見てください。ダイヤにスペードを順番に重ねたときのように、灰色と灰色が重なるときは黒くなるお約束です。

11 構　成

・左端の形を組み合わせてできる形を、それぞれ右から選んで○をつけましょう。一番上の段を見てください。左端の２つの形を組み合わせてできる形は、右の３つのうち真ん中の形ですね。ですから、真ん中の形に○がついています。同じように、下を全部やりましょう。形は向きを変えてもよいですが、裏返してはいけません。

12 数量（分割）・話の理解

・太陽の段です。左端のイノシシ、サル、ヒツジが、イチゴを仲よく分けられるお皿はどれですか。右の四角から選んで○をつけましょう。
・雲の段です。左端のトラ、ウマ、イヌが、イチゴとバナナを仲よく分けられるお皿はどれですか。右の四角から選んで○をつけましょう。
・虹の段です。左端のサルとウマがバナナを同じ数ずつ分け、イノシシがほかの２匹よりバナナを２本多く分けられるお皿はどれですか。右の四角から選んで○をつけましょう。
・星の段です。左端のトラ、イヌ、ヒツジがイチゴを同じ数ずつ分け、イノシシがほかの３匹より１つ少なく分けられるお皿はどれですか。右の四角から選んで○をつけましょう。
・三日月の段です。ウマとトラがバナナとイチゴを同じ数ずつ分けられ、イノシシとサルがウマとトラよりもそれぞれバナナを１本、イチゴを１つ多く分けられるお皿はどれですか。右から選んで○をつけましょう。

1

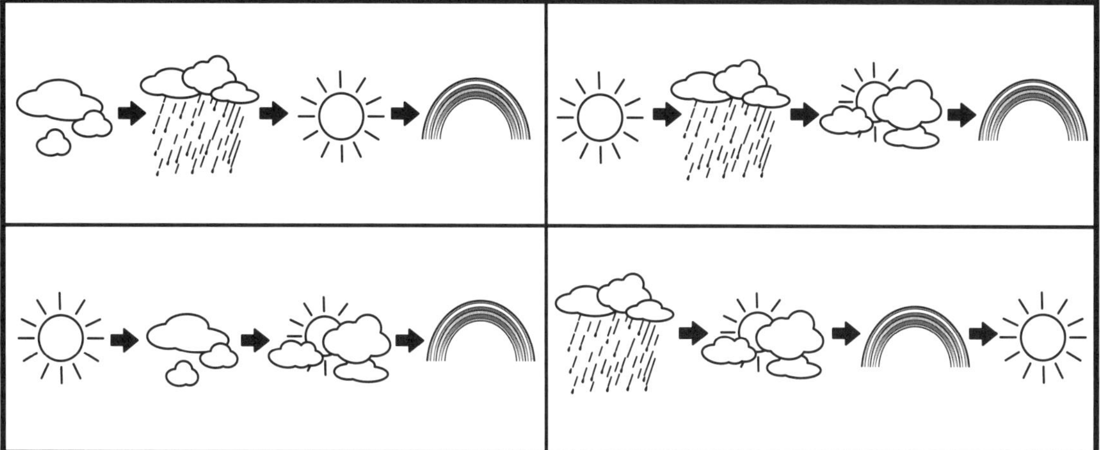

2

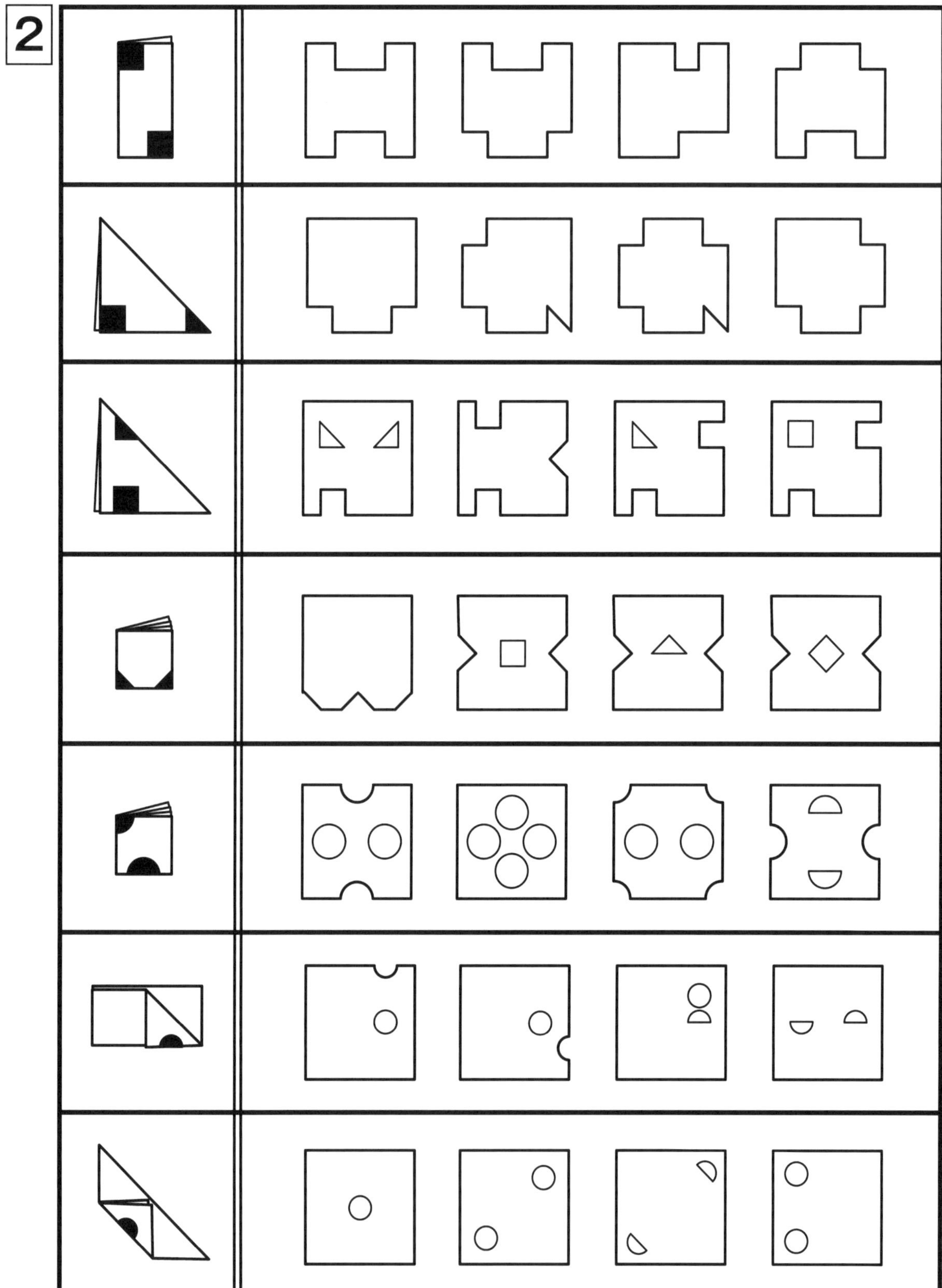

3

4

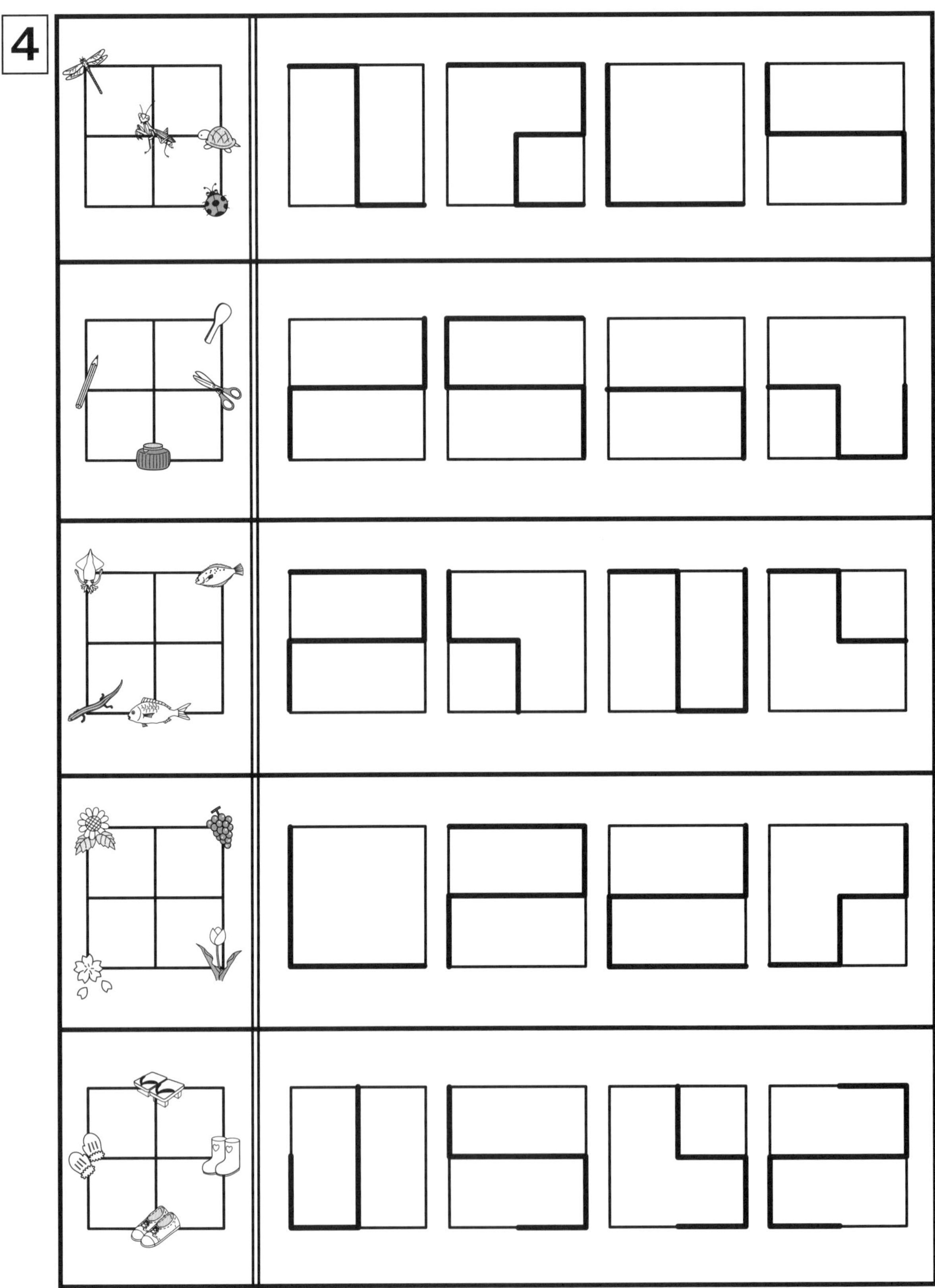

5

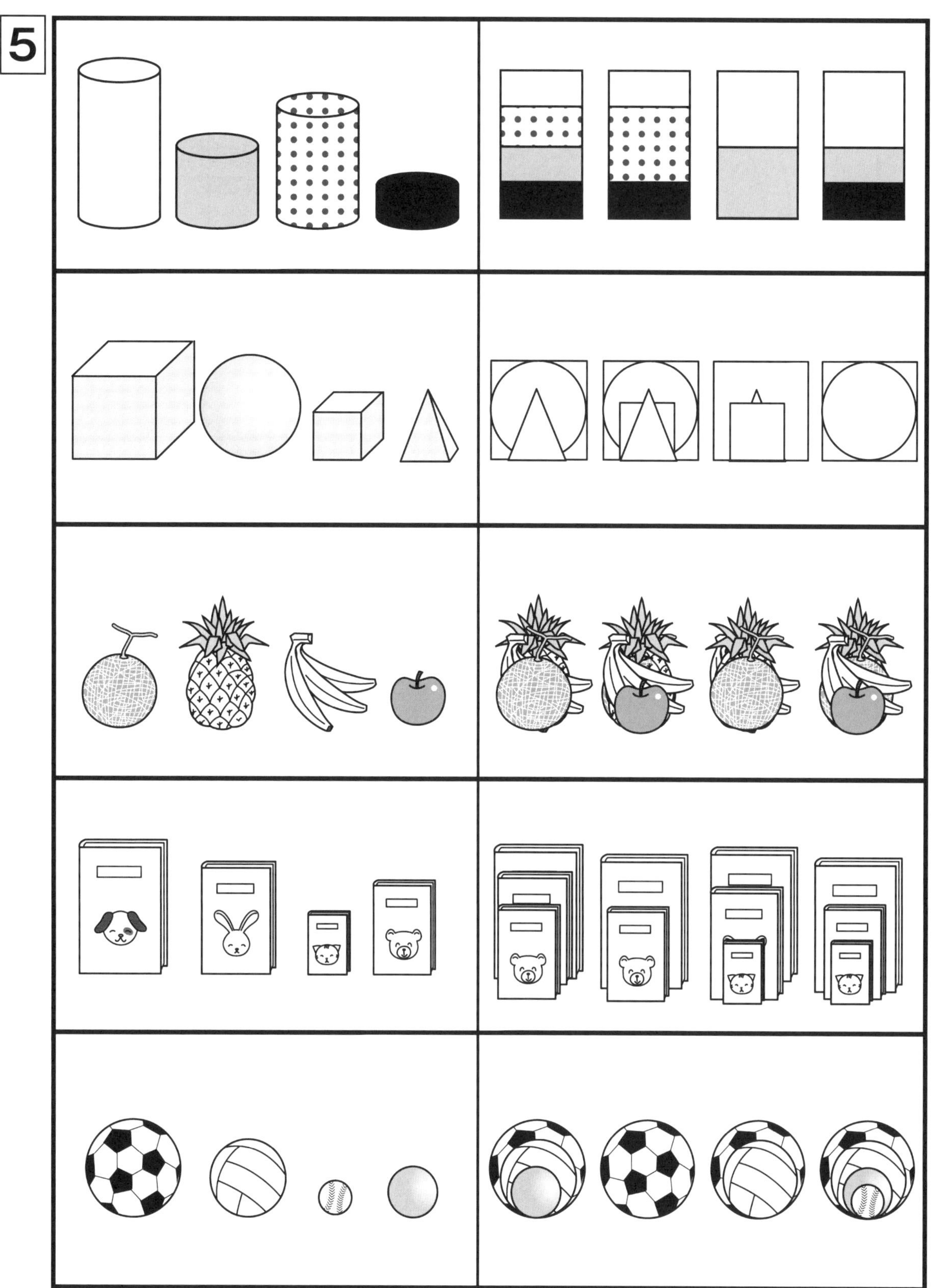

6

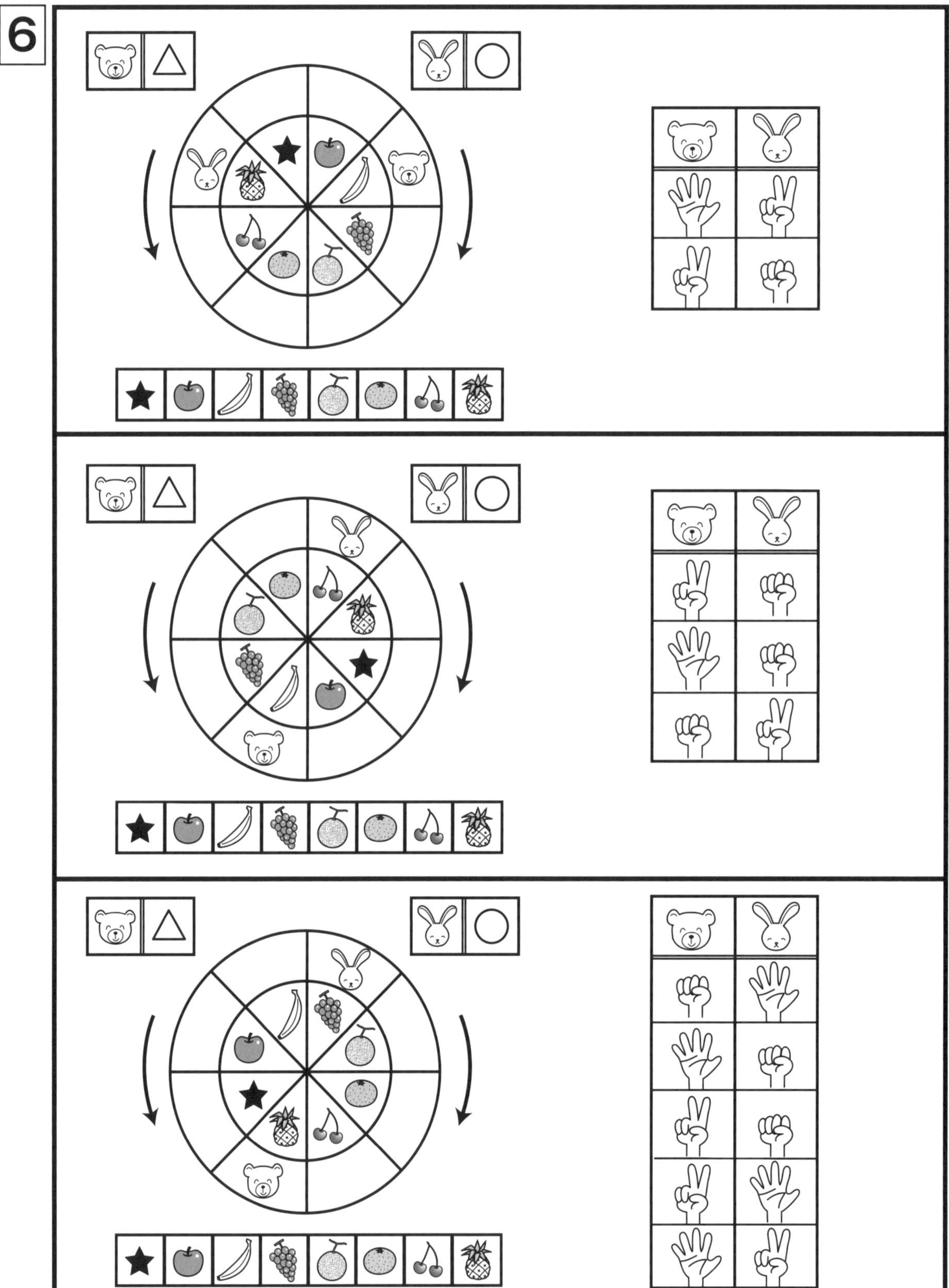

7

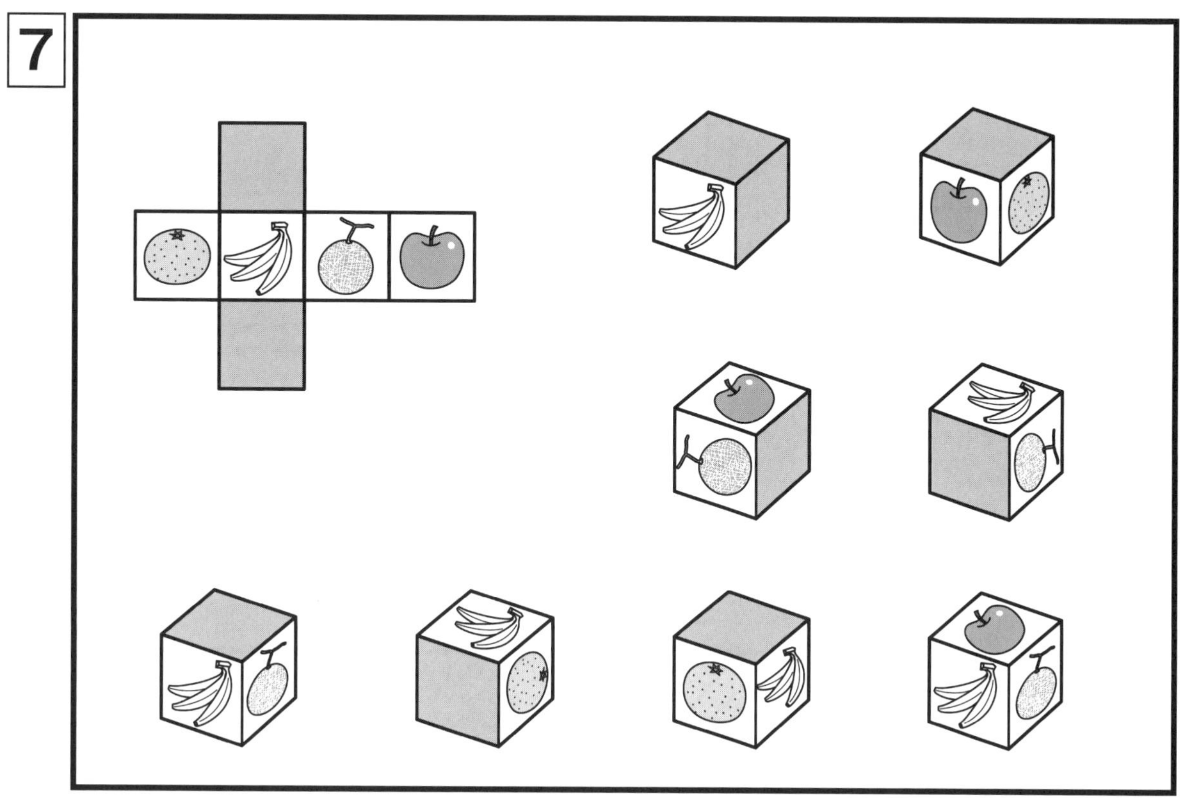

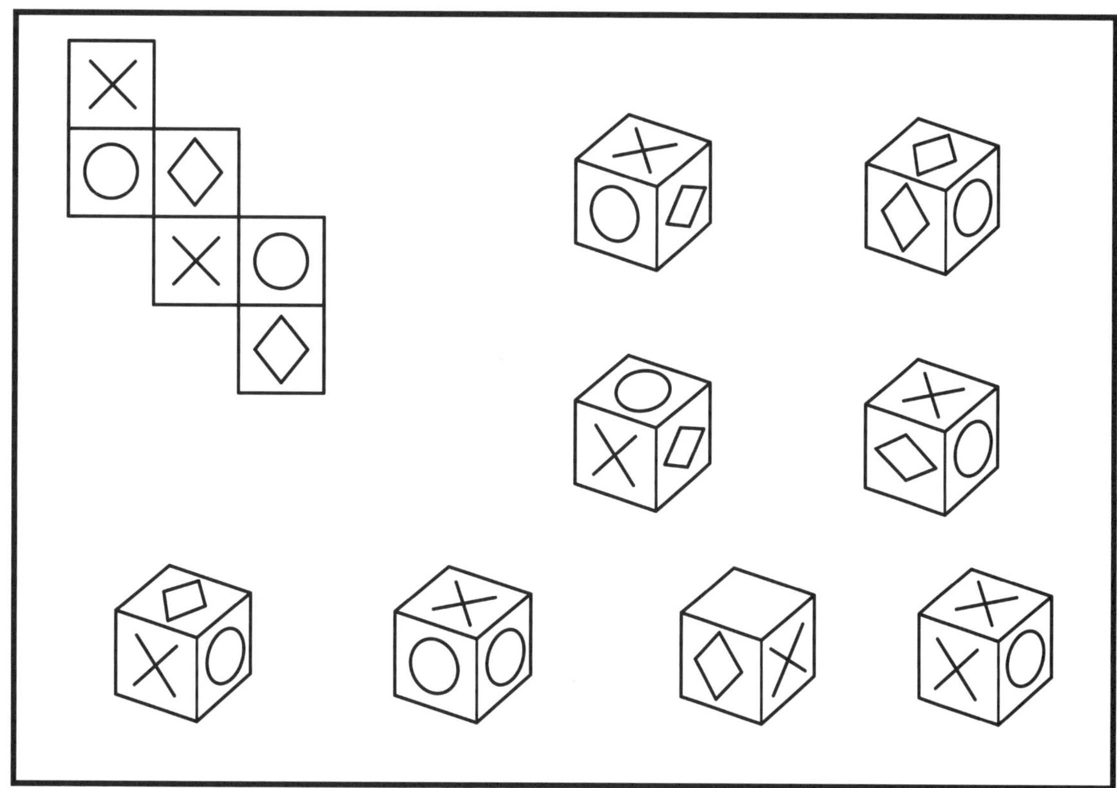

8

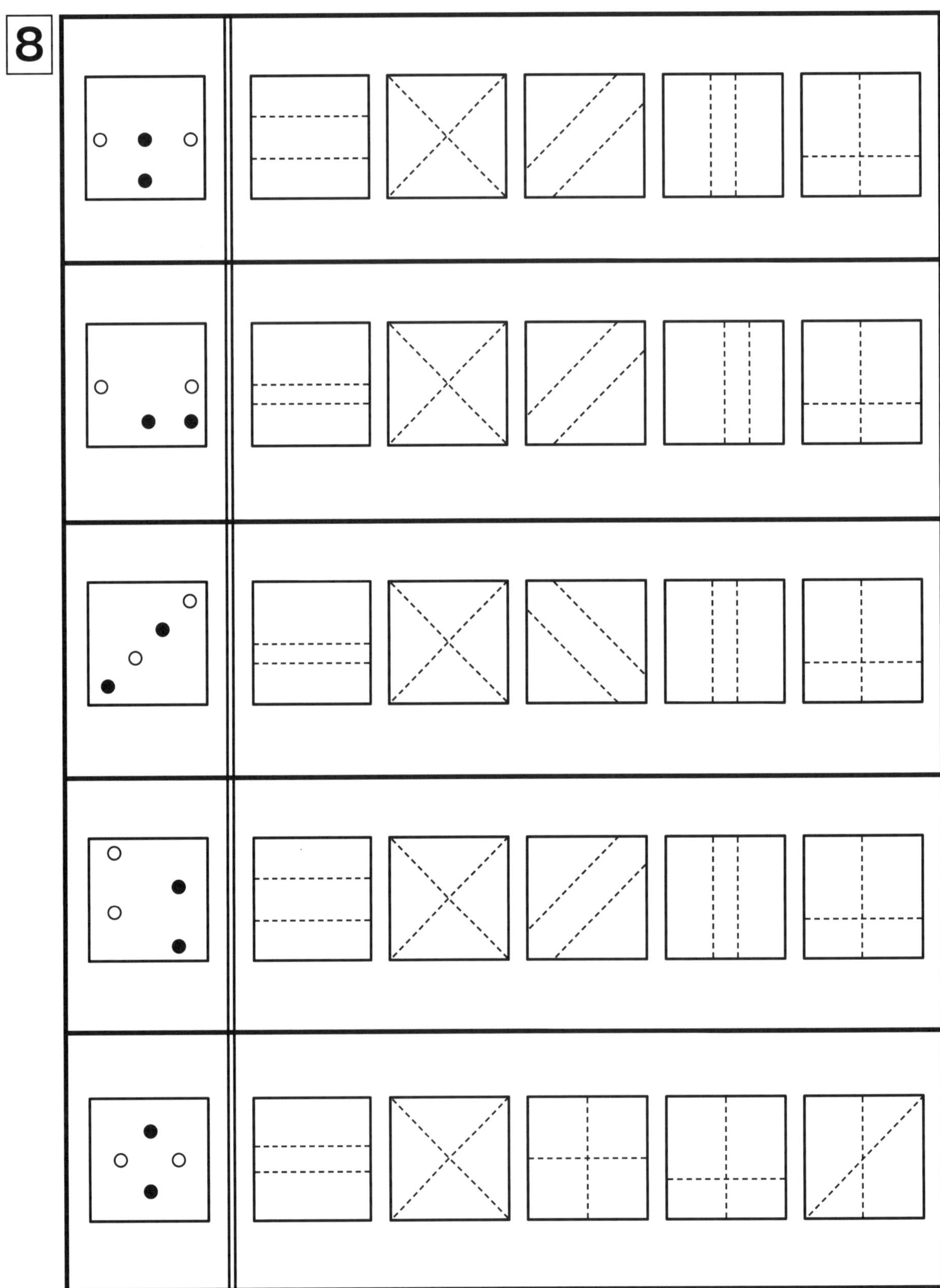

9

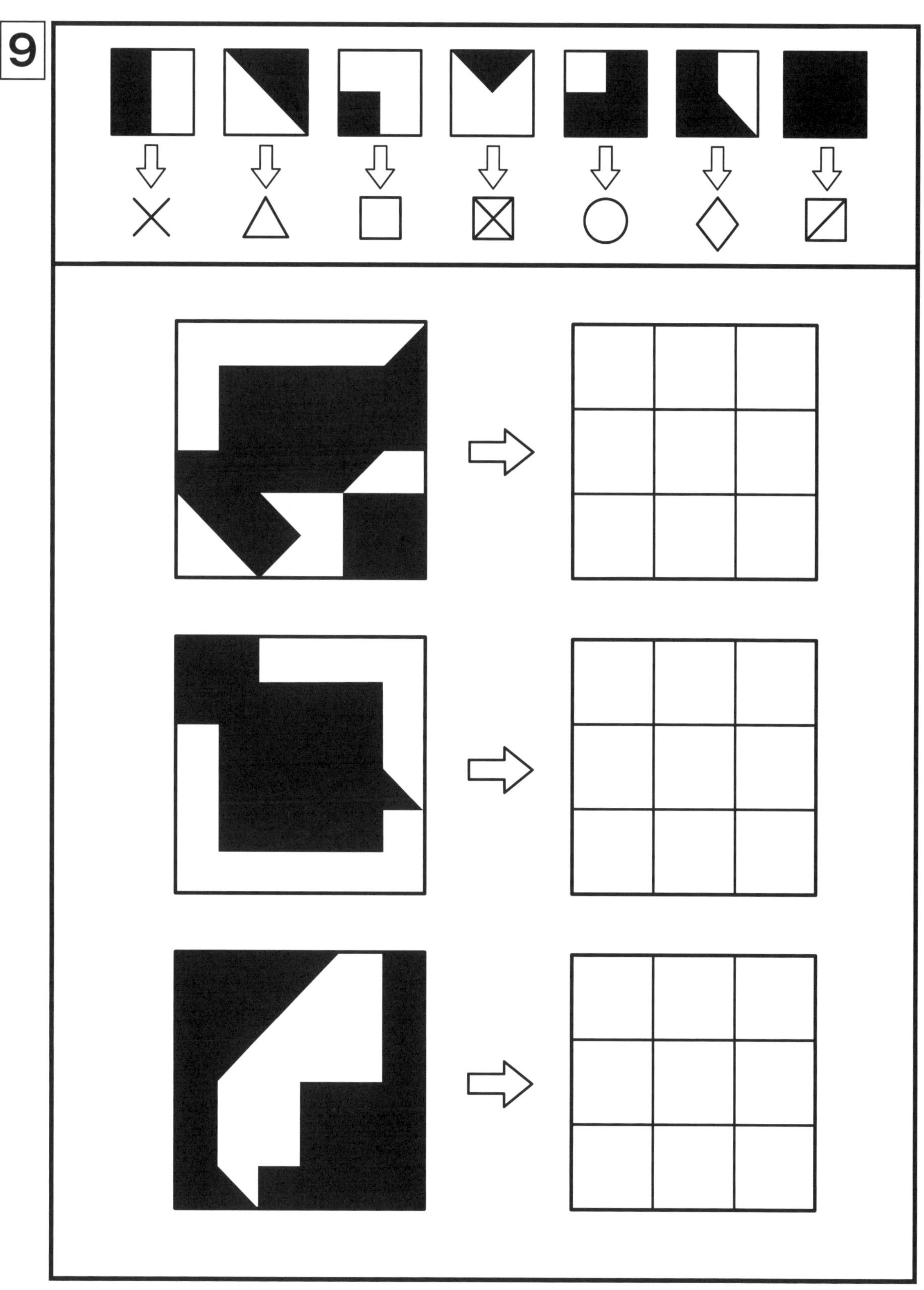

10

11

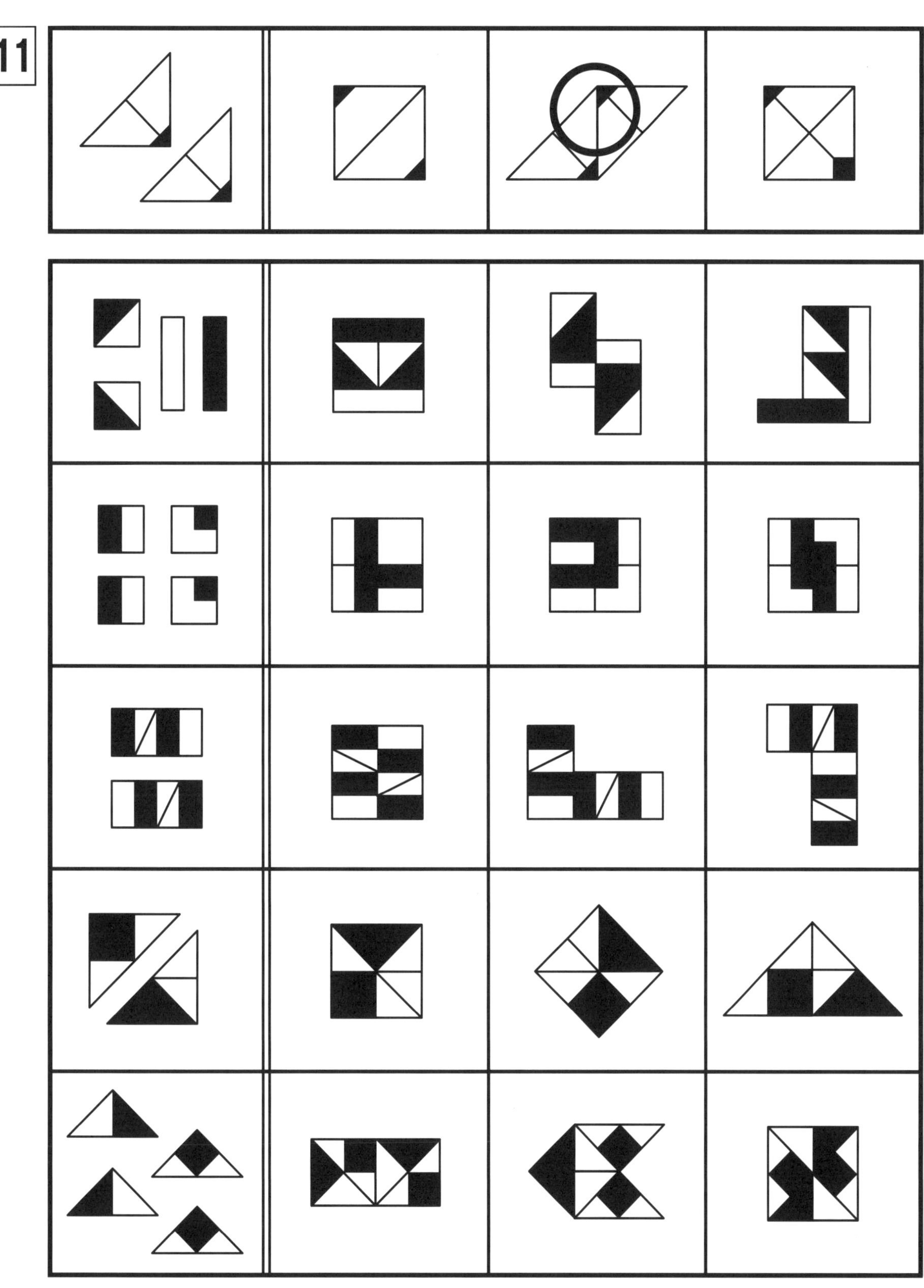

12

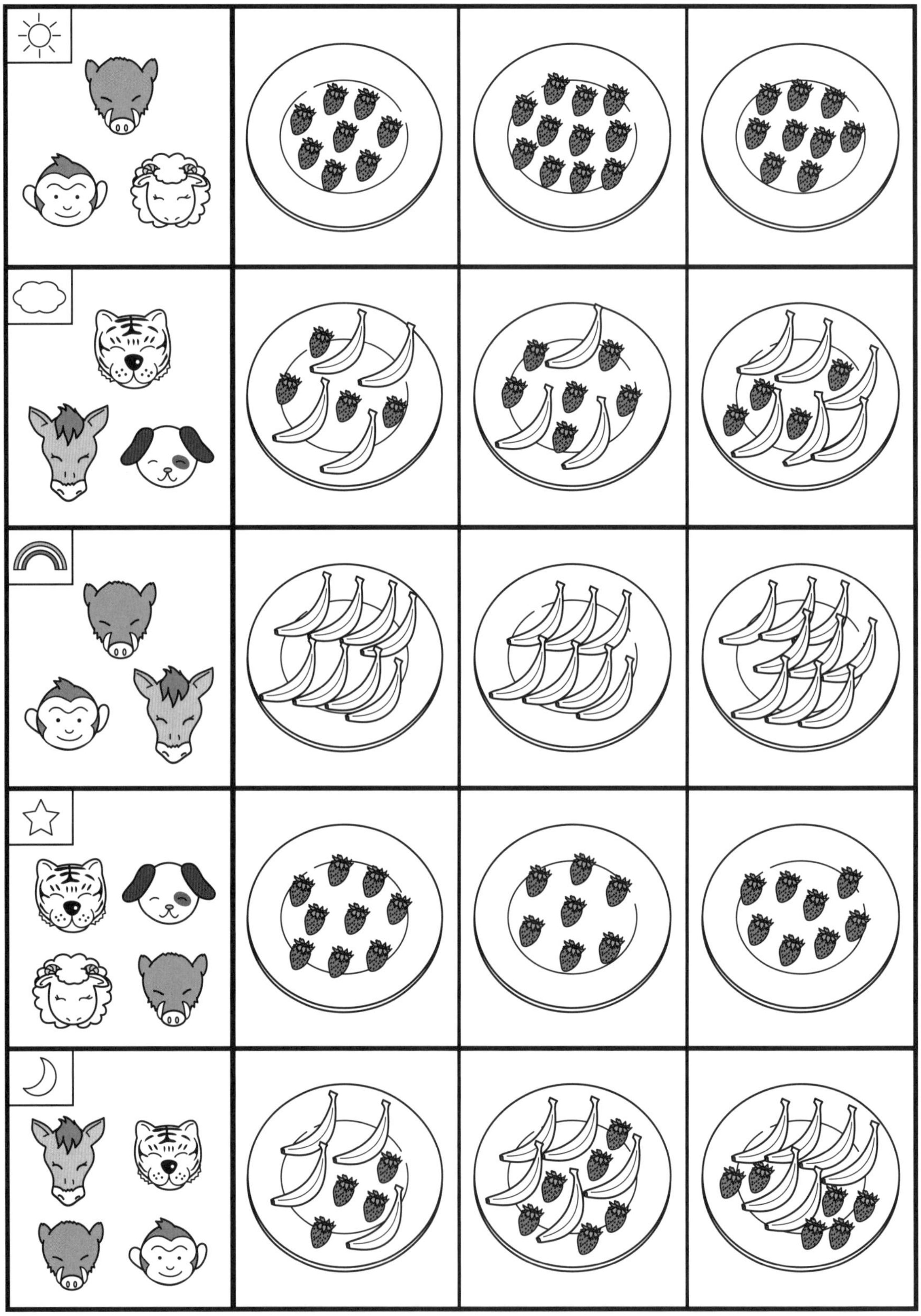

MEMO

2024 学校別過去入試問題集

年度別入試問題分析【傾向と対策】　学校別入試シミュレーション問題　解答例集付き

全国の書店・伸芽会出版販売部にお問い合わせください。

伸芽会 出版販売部 03-6914-1359 (10:00~18:00 月～金)

〒171-0014 東京都豊島区池袋 2-2-1 7F　https://www.shingakai.co.jp

2023年2月より順次発売中！

© '06 studio*zucca

［過去問］ 2024

成蹊小学校 入試問題集

解答例

＊ **解答例の注意**

この解答例集では、ペーパーテスト、集団テストの中にある□数字がついた問題、入試シミュレーションの解答例を掲載しています。それ以外の問題の解答はすべて省略していますので、それぞれのご家庭でお考えください。

Shinga-kai

※2の10問目は解答省略

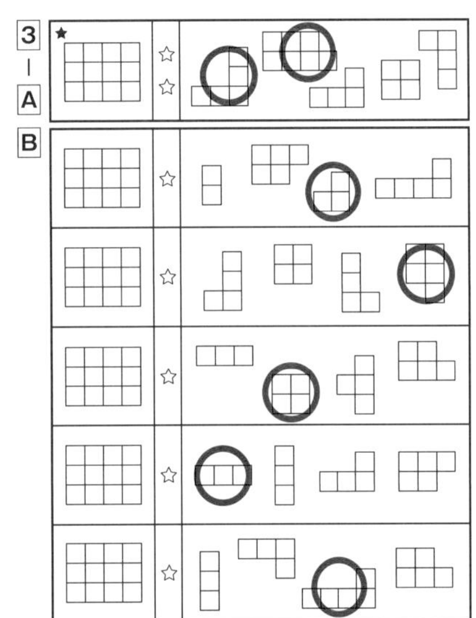

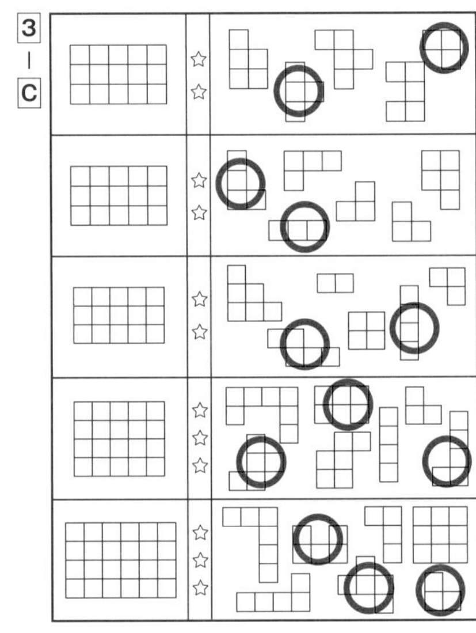

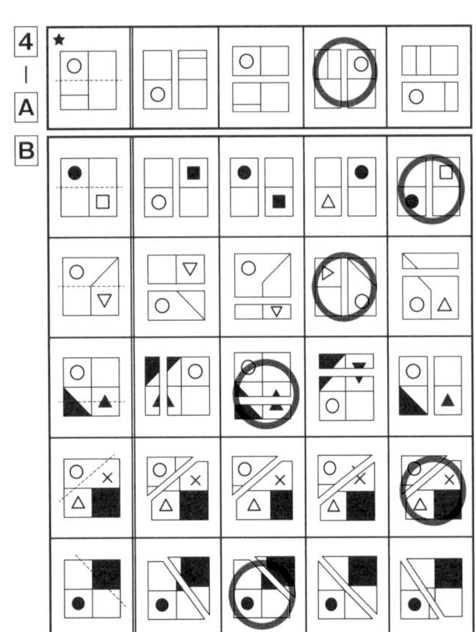

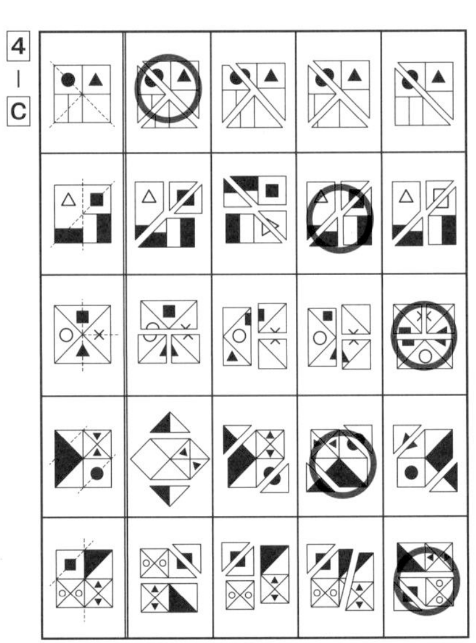

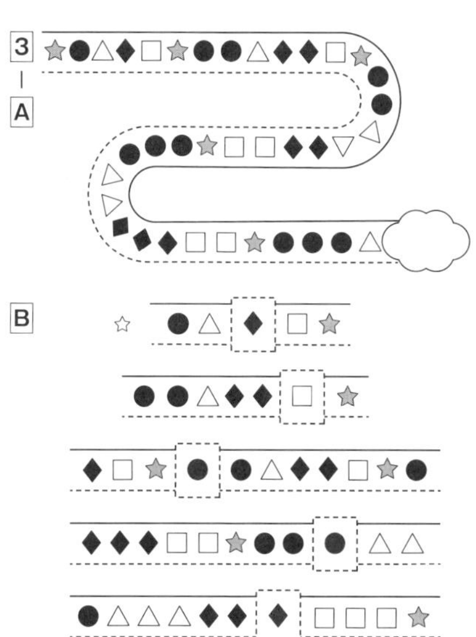

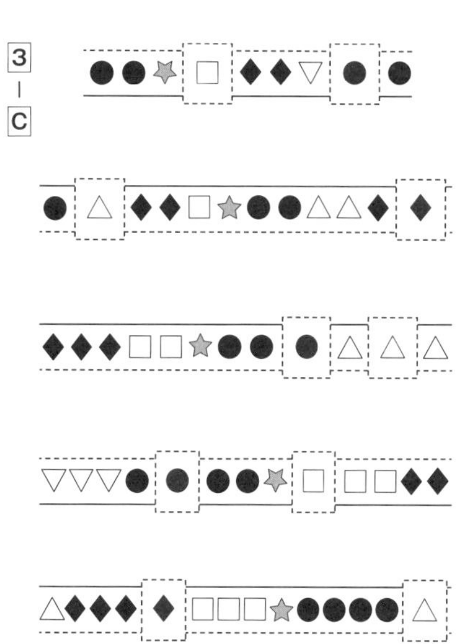

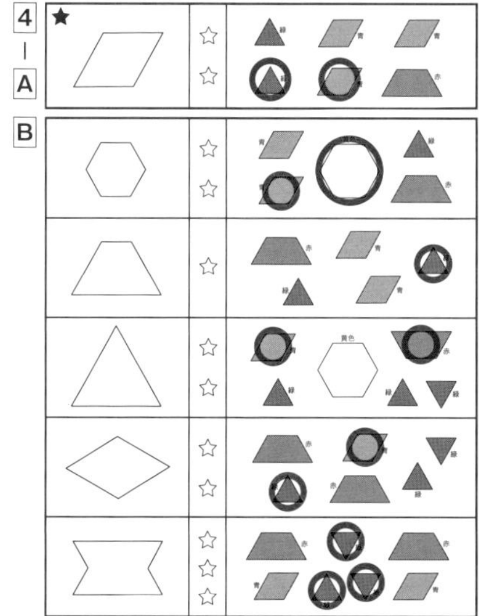

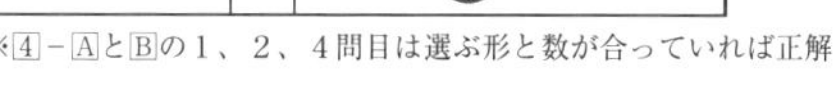
※4－AとBの1、2、4問目は選ぶ形と数が合っていれば正解

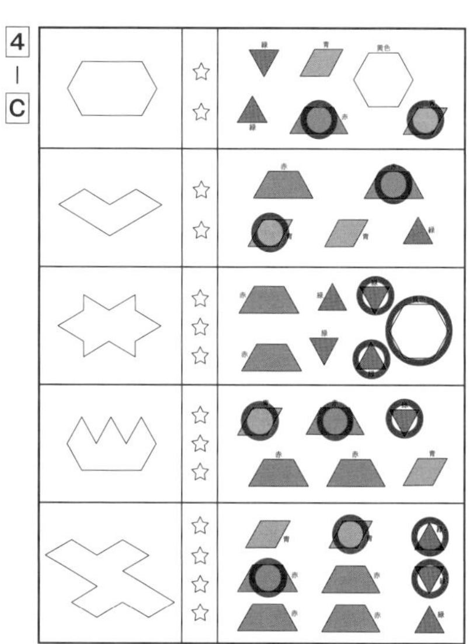

※4－Cは選ぶ形と数が合っていれば正解

1
A

1
B
入学式

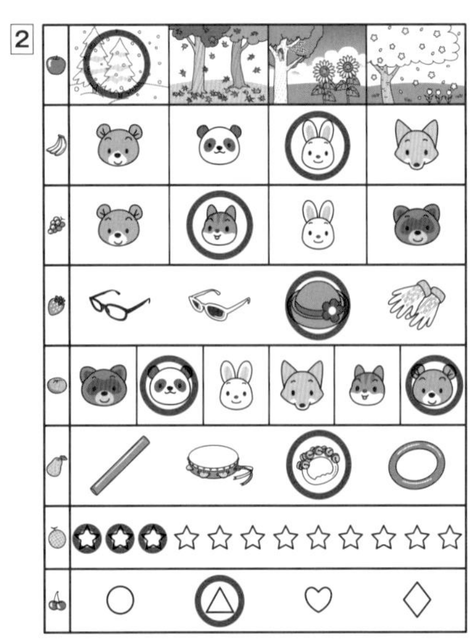
2

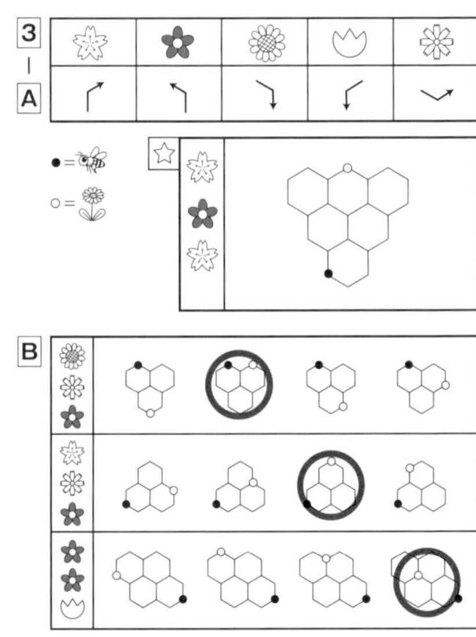
3
A
B

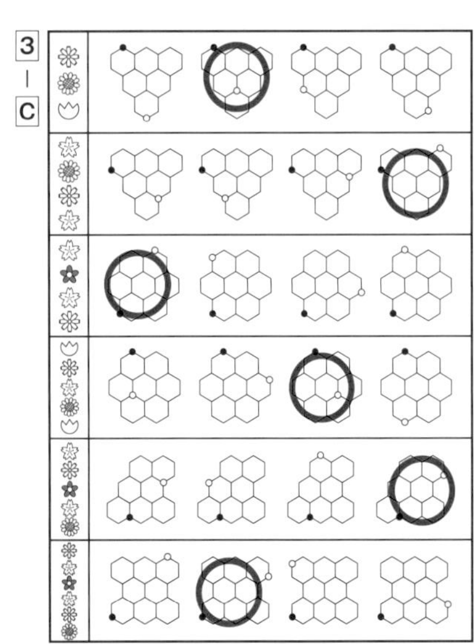
3
C

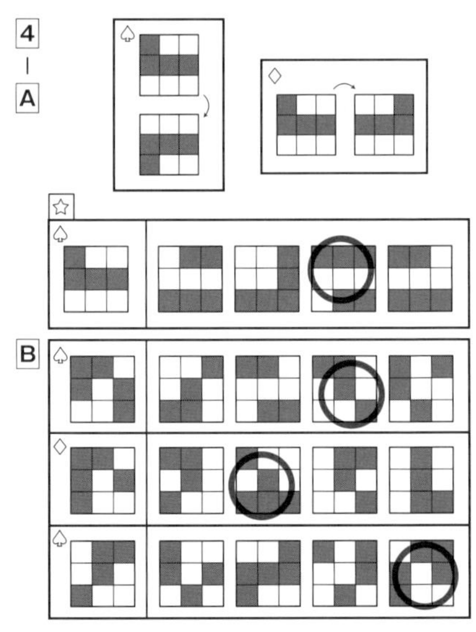
4
A
B

2021 解答例

4－C

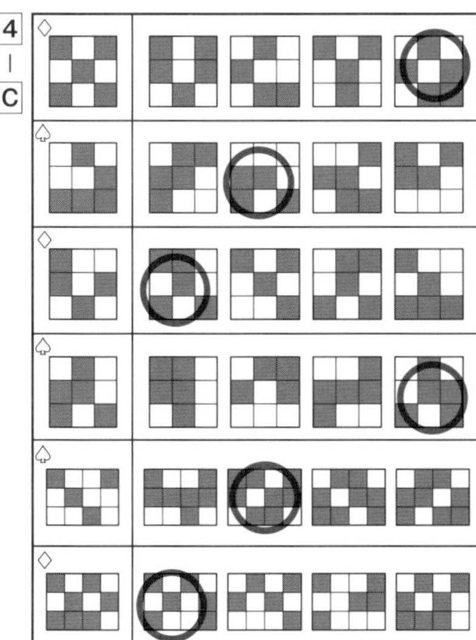

2020 解答例

1

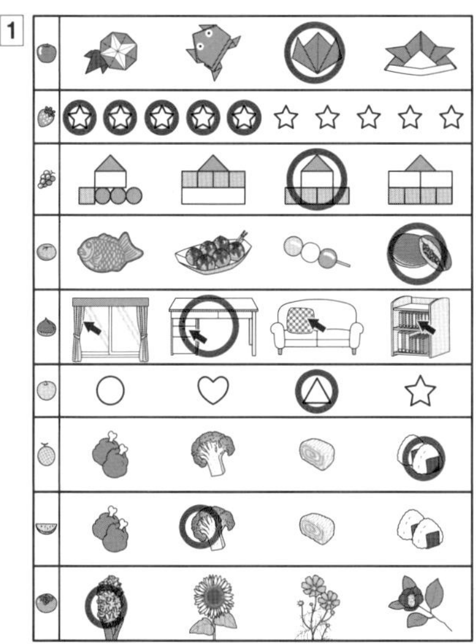

2－A

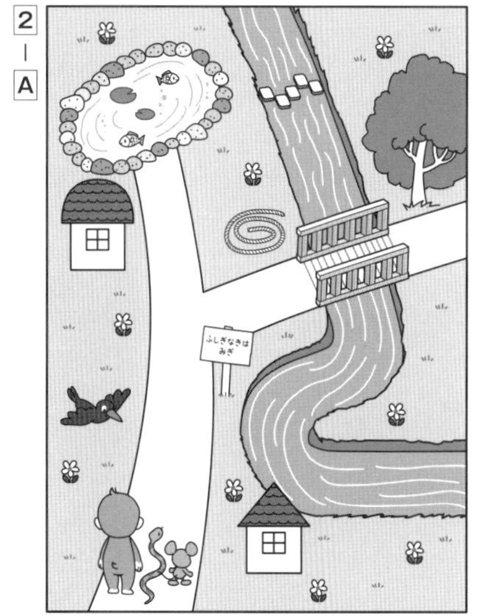

2－B

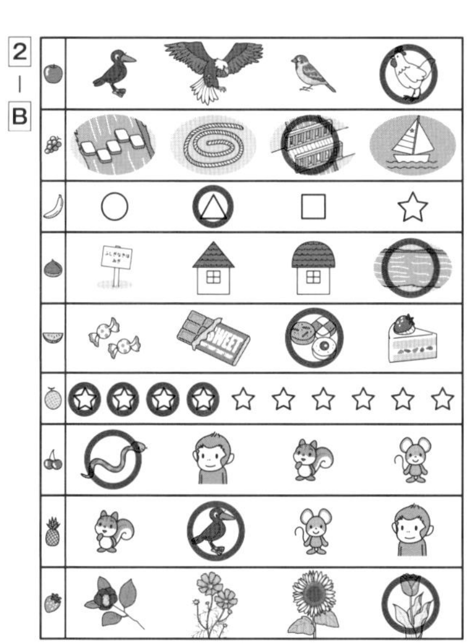

3

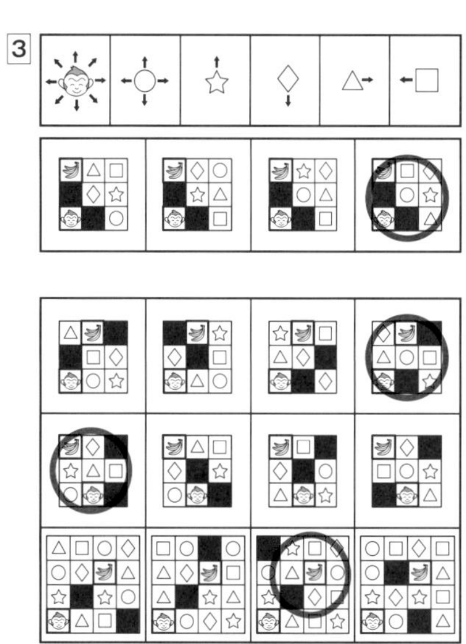

3

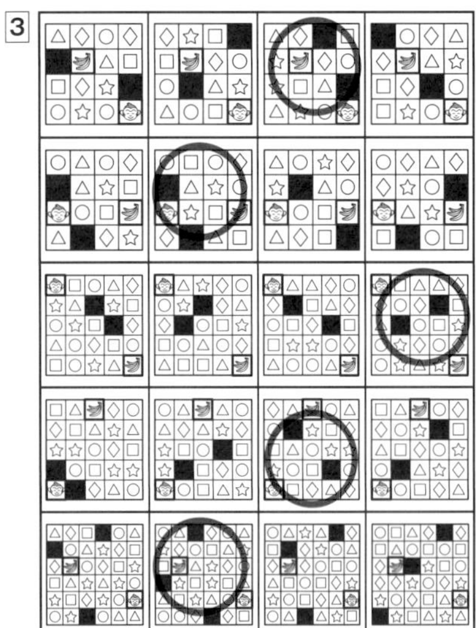

4

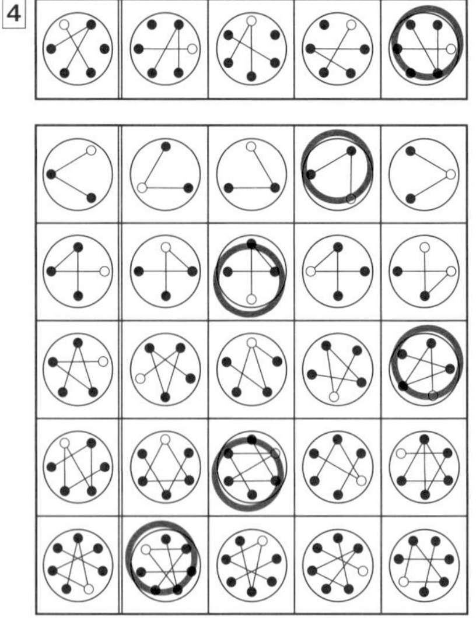

4

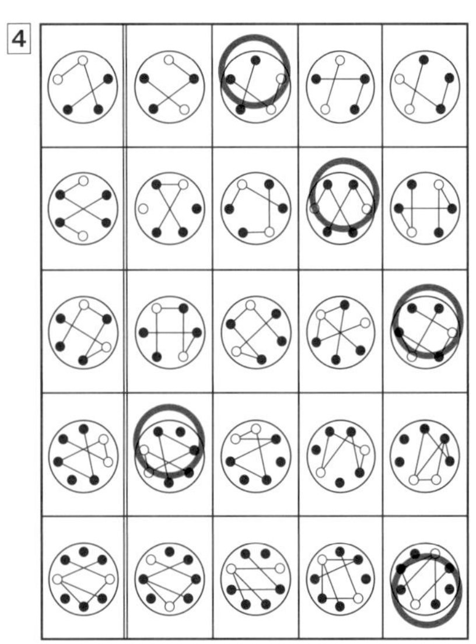

5

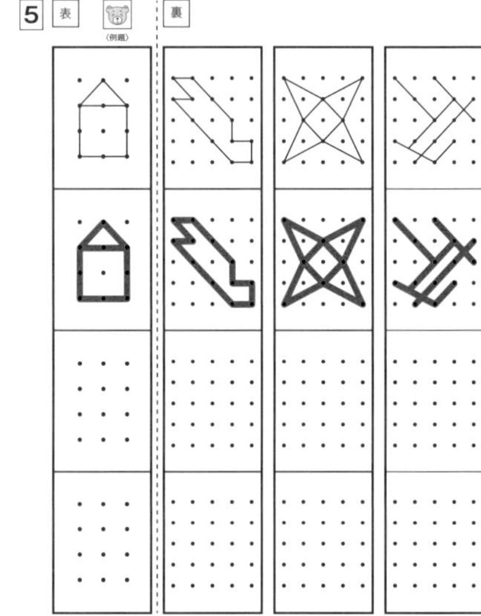

1

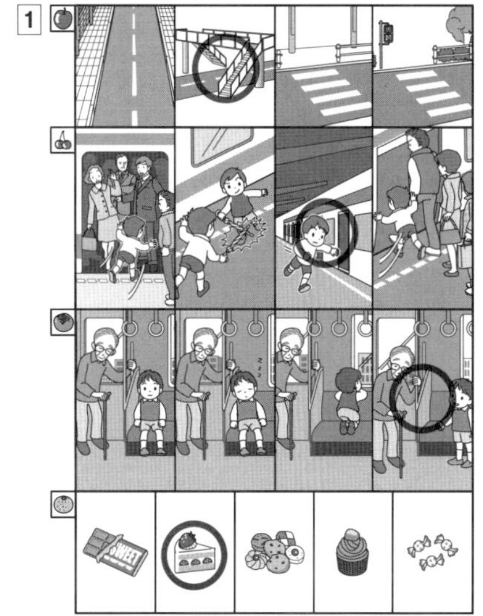
1

2

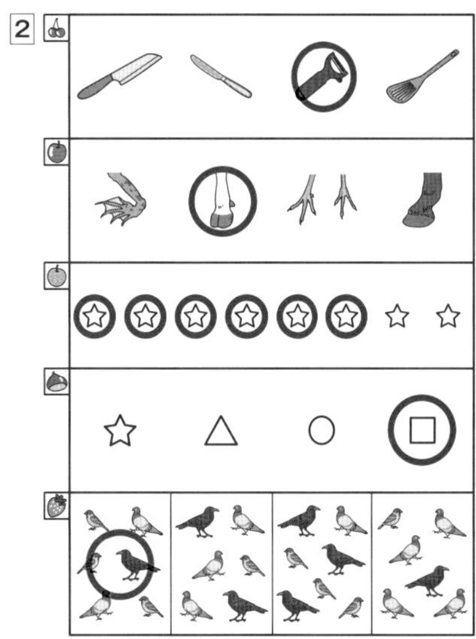
2

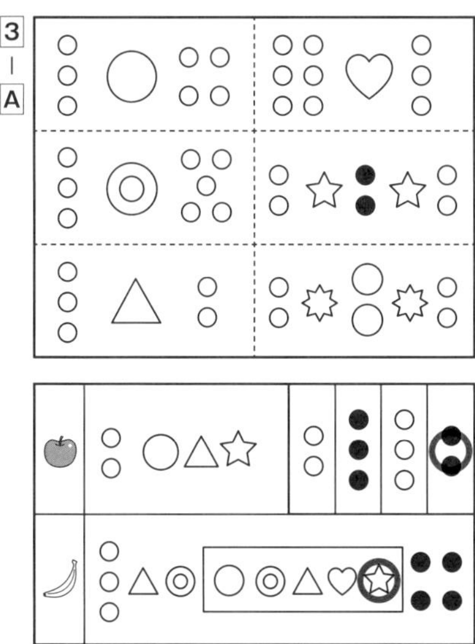
3
A

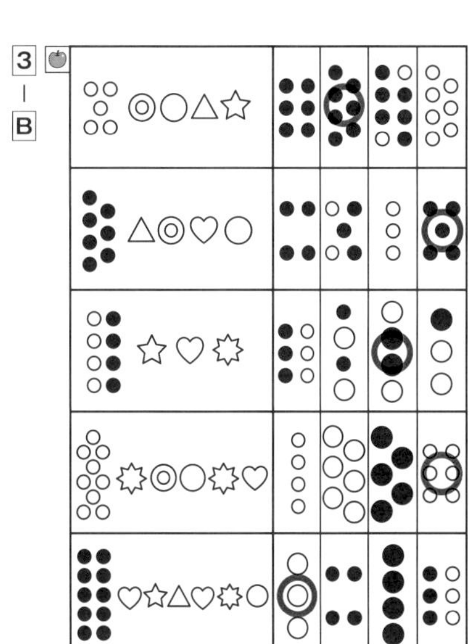
3
B

3－C

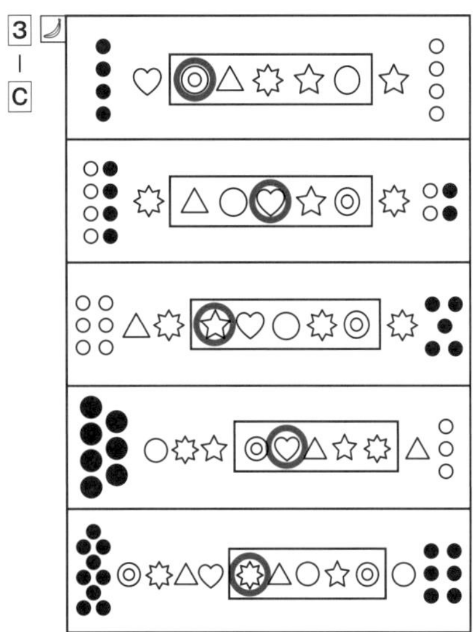

4

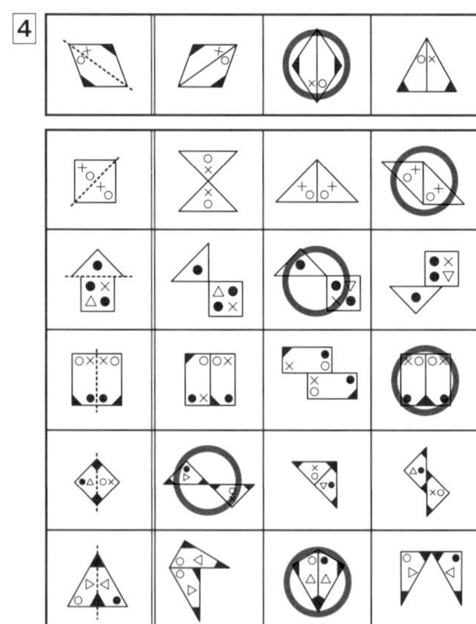

4

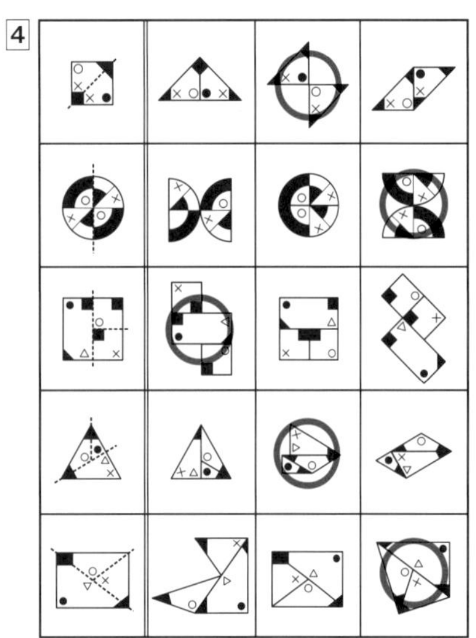

5－A

B

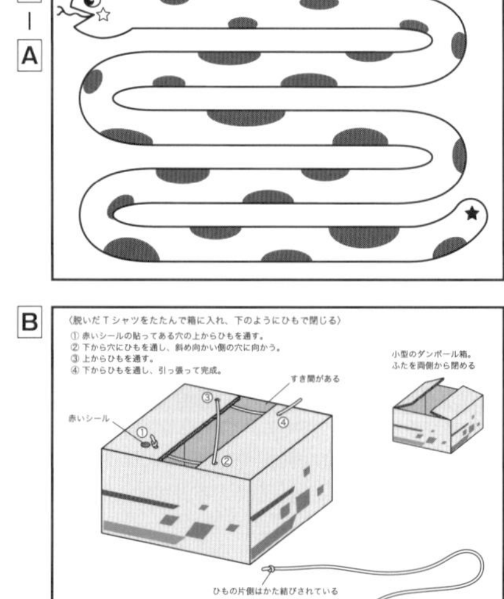
〈脱いだＴシャツをたたんで箱に入れ、下のようにひもで閉じる〉
① 赤いシールの貼ってある穴の上からひもを通す。
② 下から穴にひもを通し、斜め向かい側の穴に向かう。
③ 上からひもを通す。
④ 下からひもを通し、引っ張って完成。
小型のダンボール箱。
ふたを両側から閉める
すき間がある
赤いシール
ひもの片側はかた結びされている

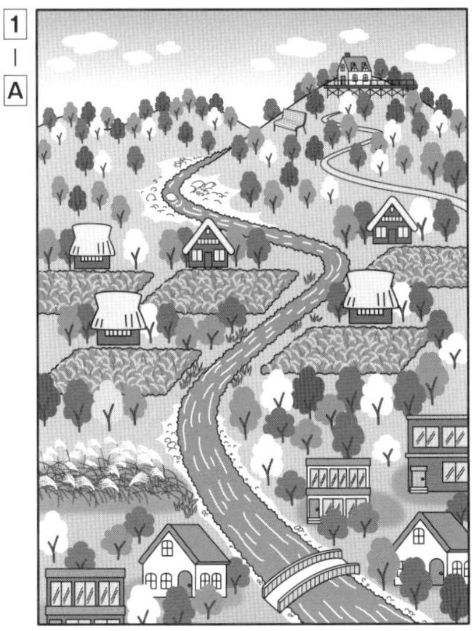
1
A

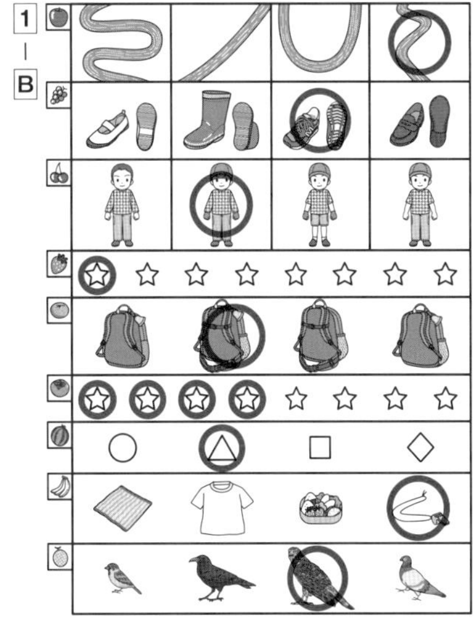
1
B

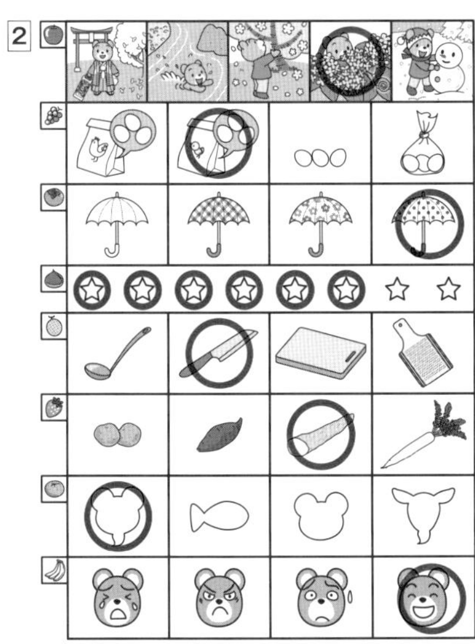
2

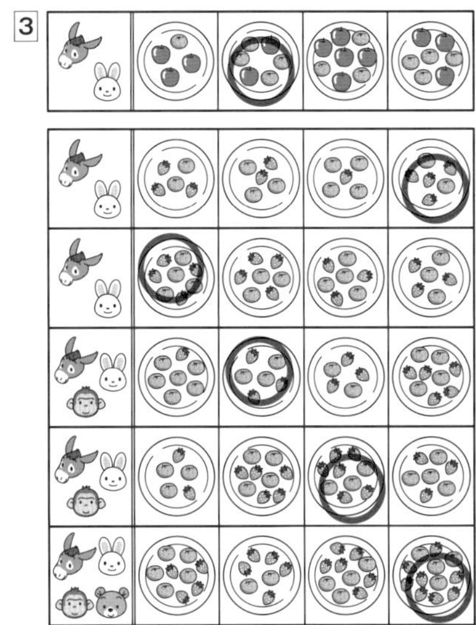
3

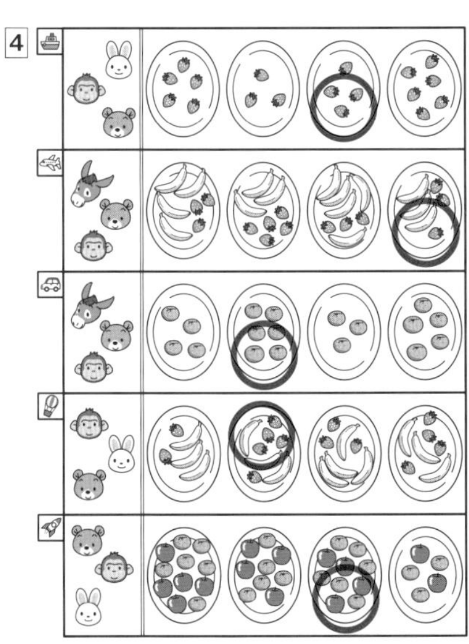
4

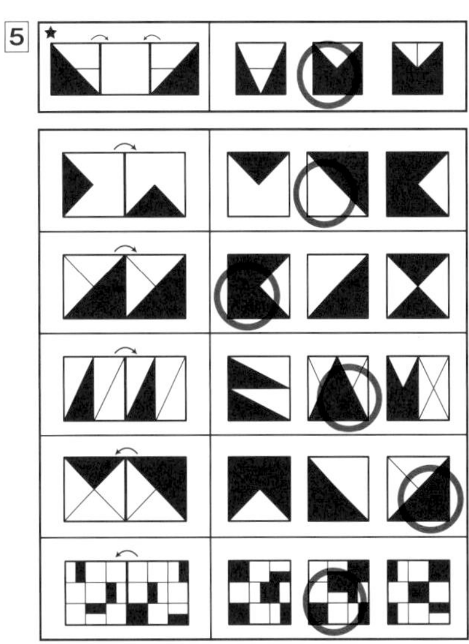
5

2018 解答例

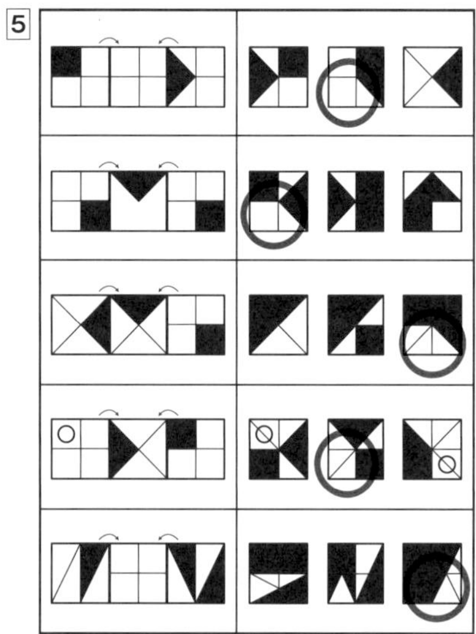

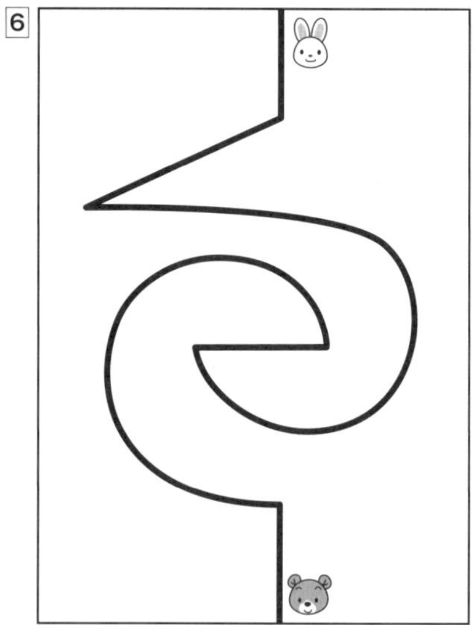

2017 解答例

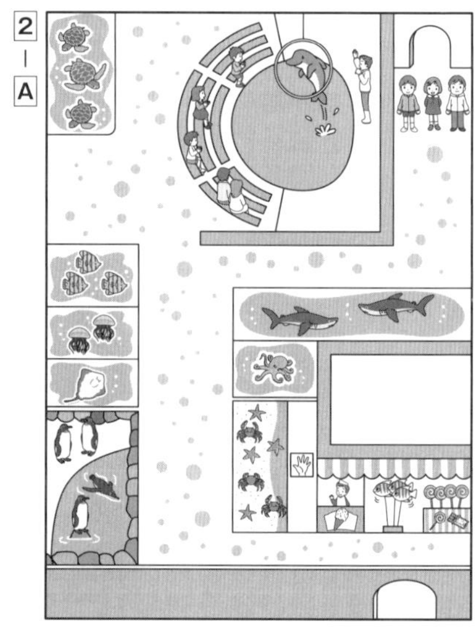

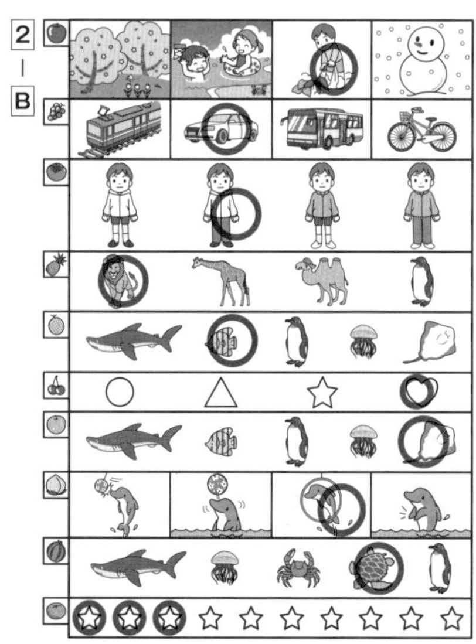

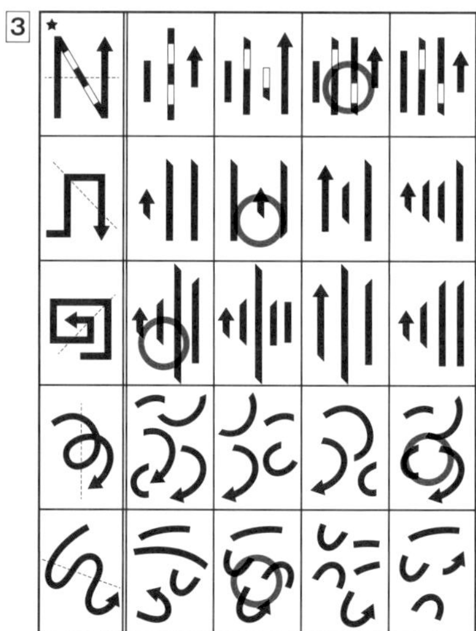

2017 解答例

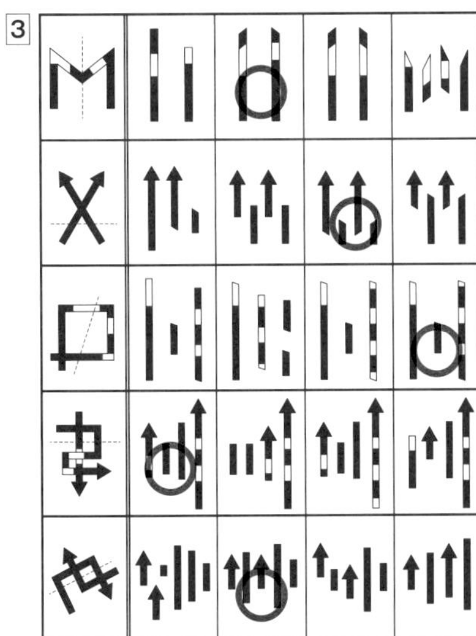

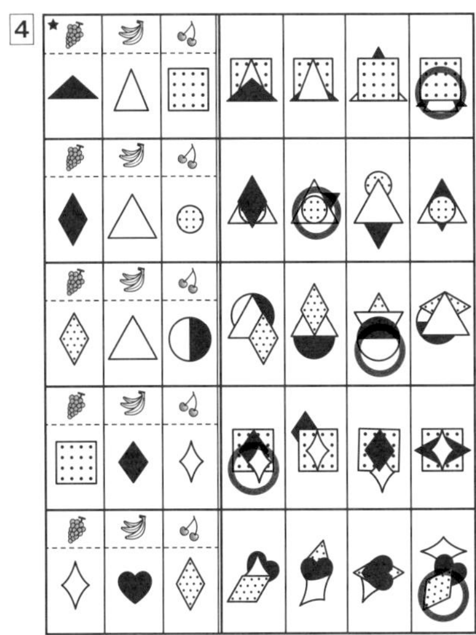

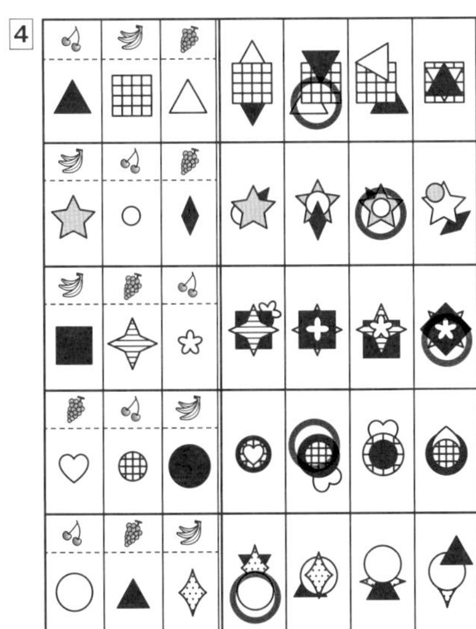

2016 解答例

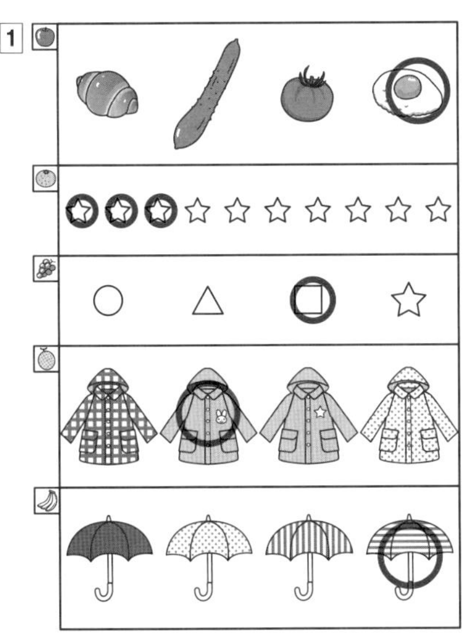

2

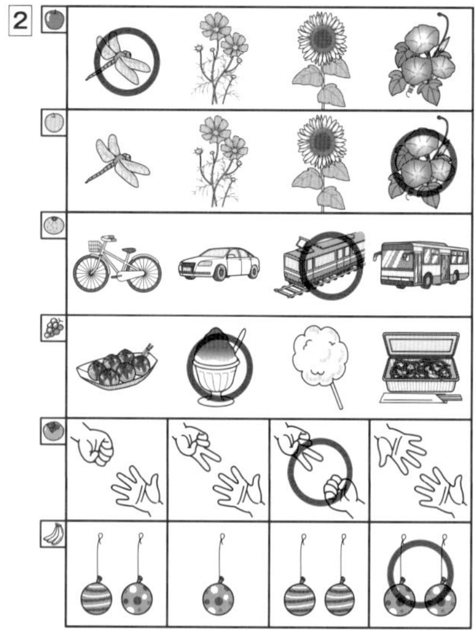

2

3

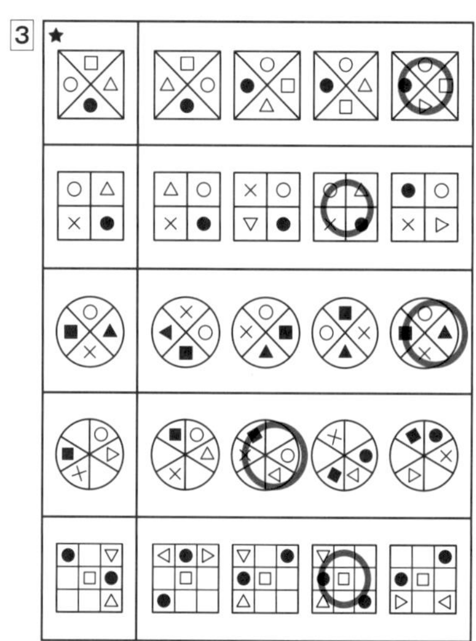

3

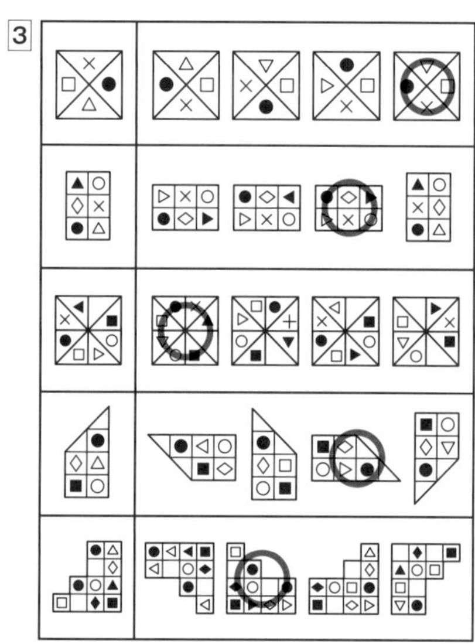

4

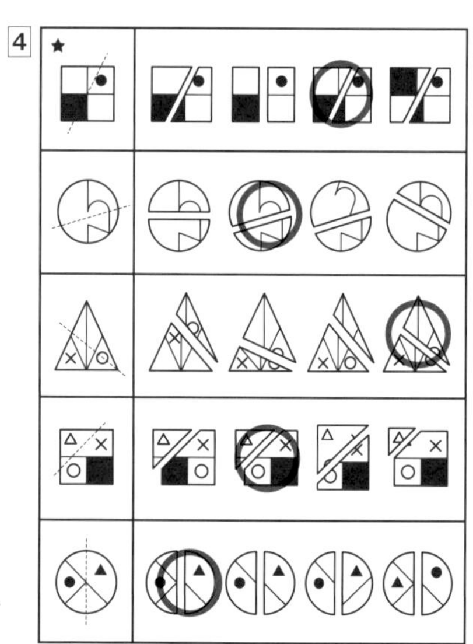

4

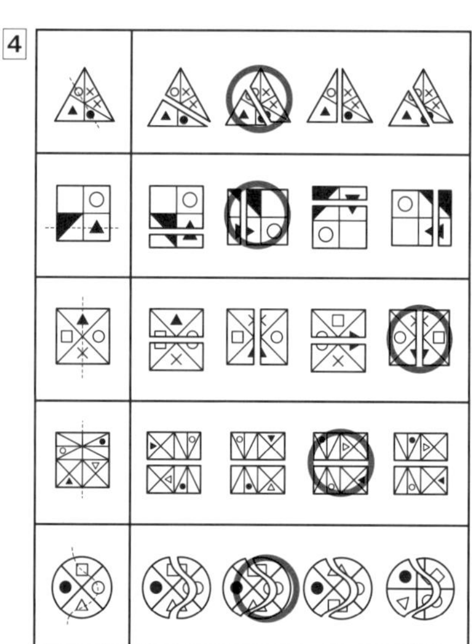

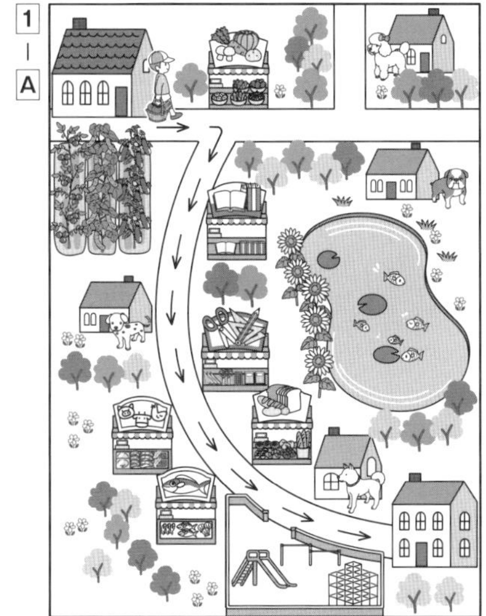
1
A

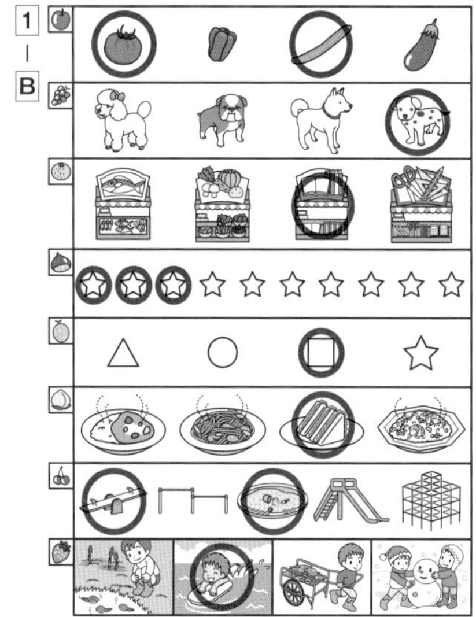
1
B

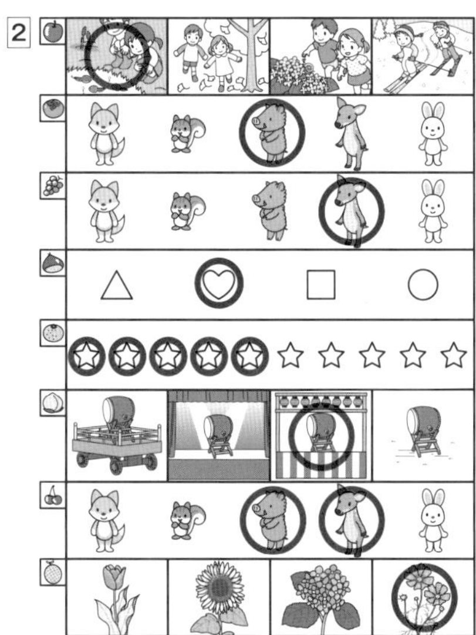
2

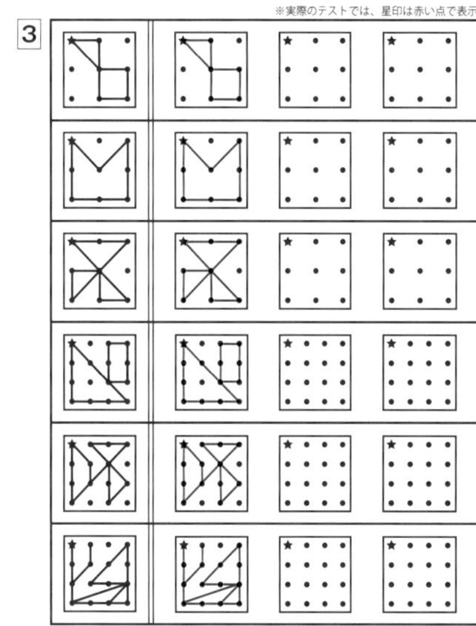
3
※実際のテストでは、星印は赤い点で表示

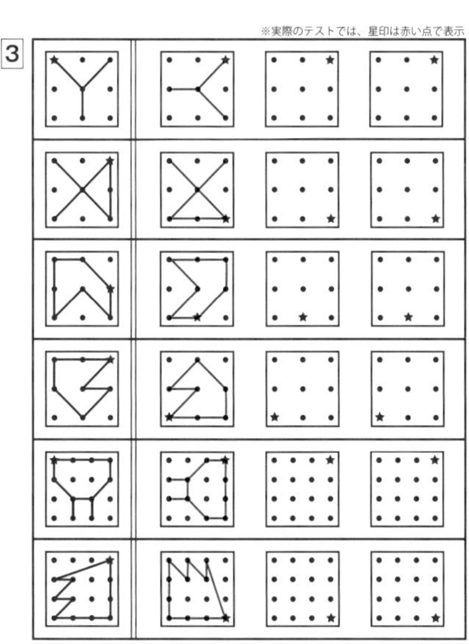
3
※実際のテストでは、星印は赤い点で表示

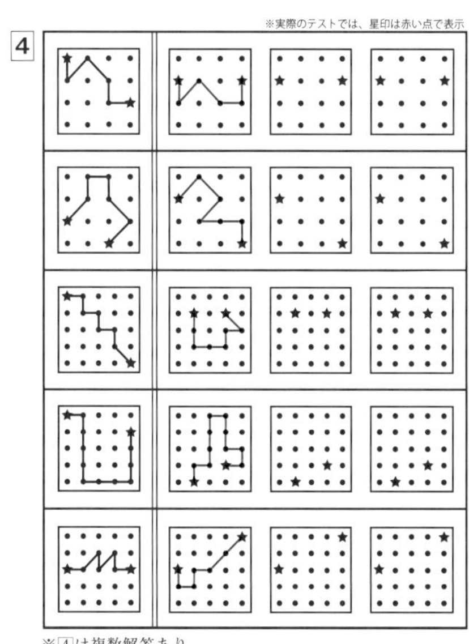
4
※実際のテストでは、星印は赤い点で表示

※4は複数解答あり

2015 解答例

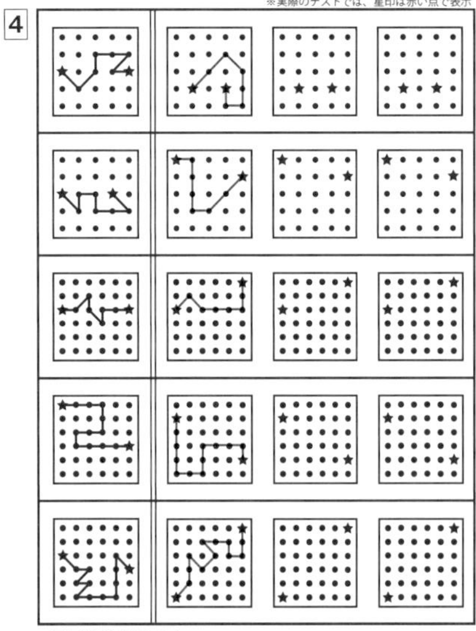

※4は複数解答あり

2014 解答例

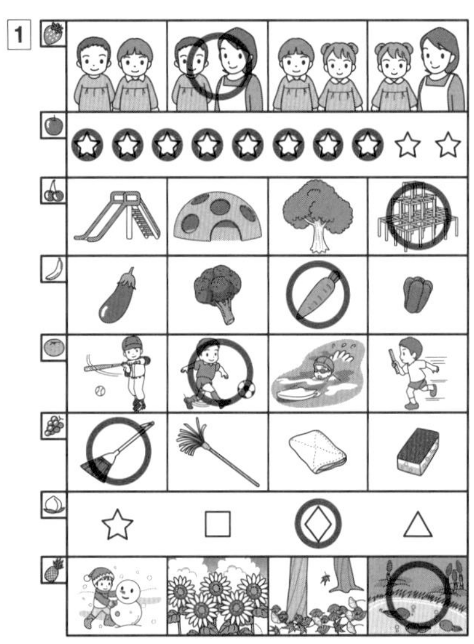

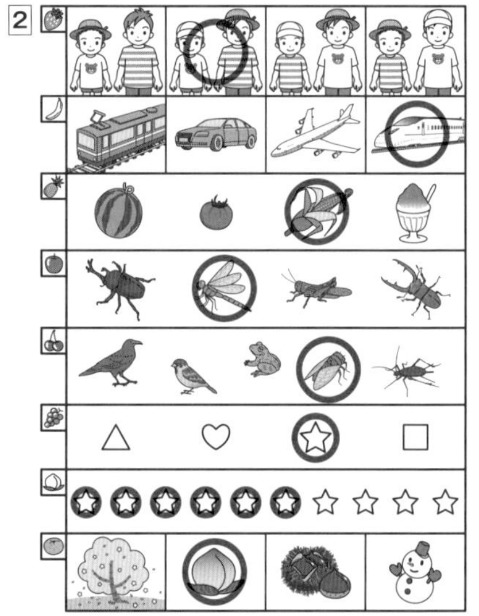

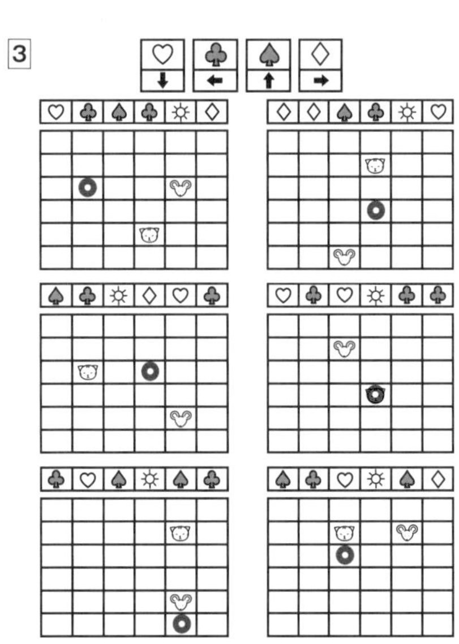

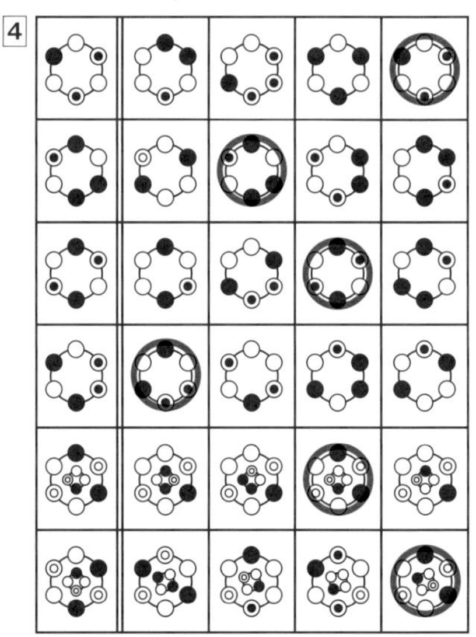

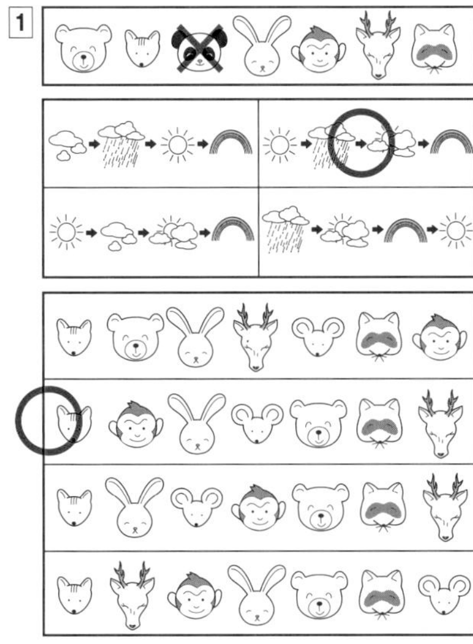
1

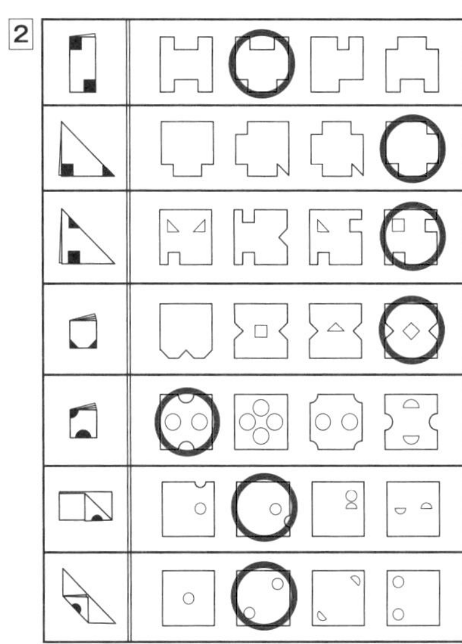
2

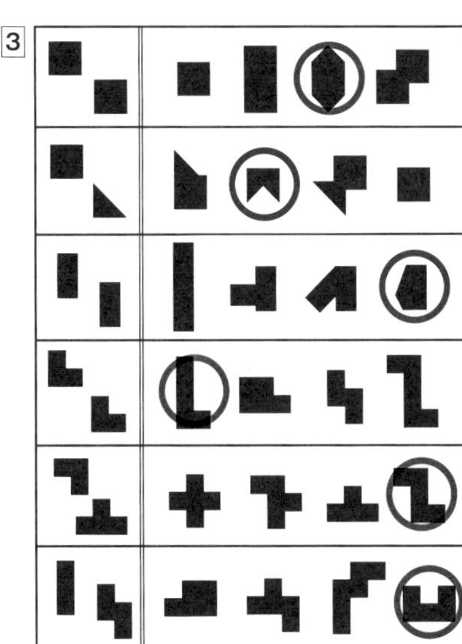
3

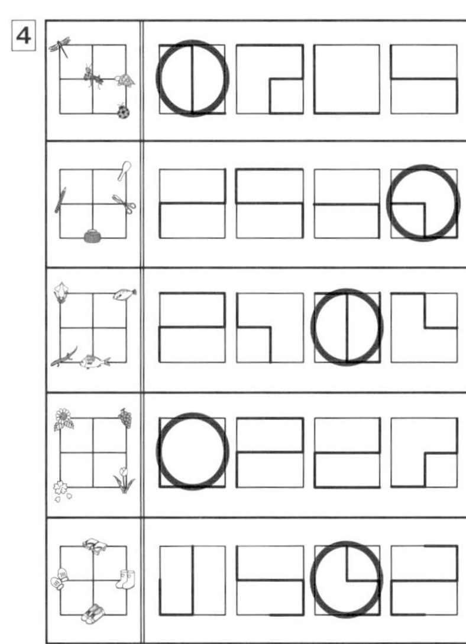
4

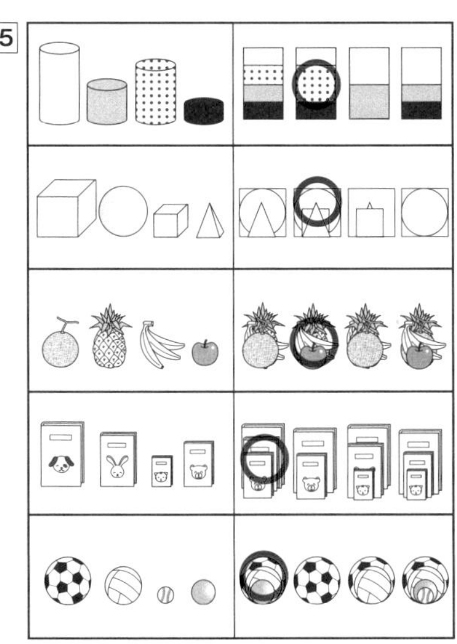
5

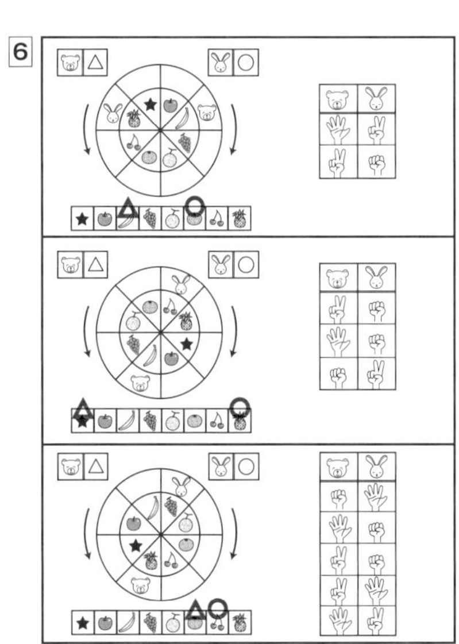
6

7

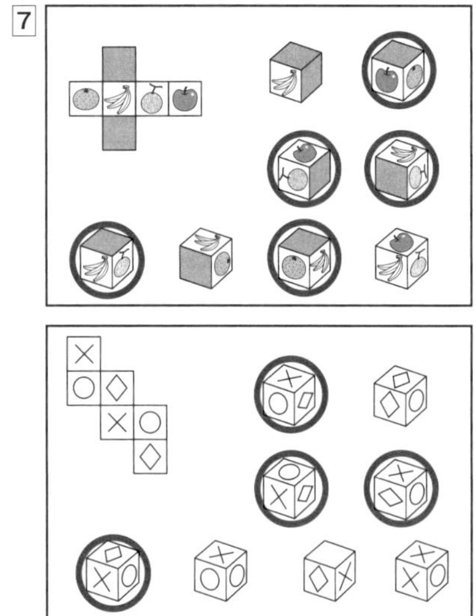

8

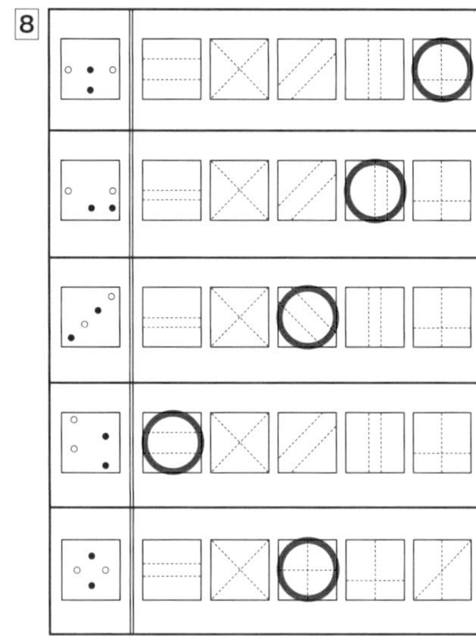

9

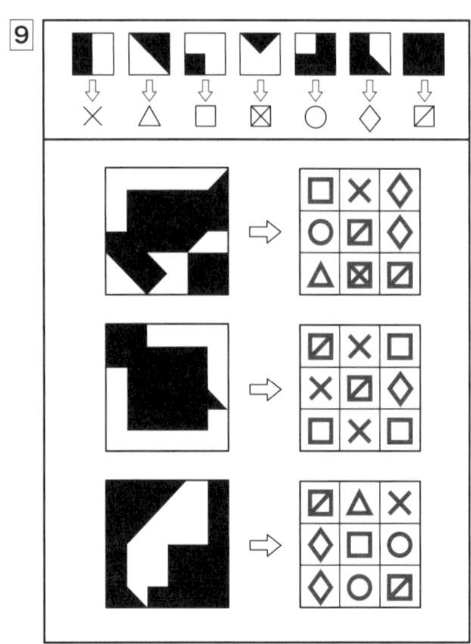

10

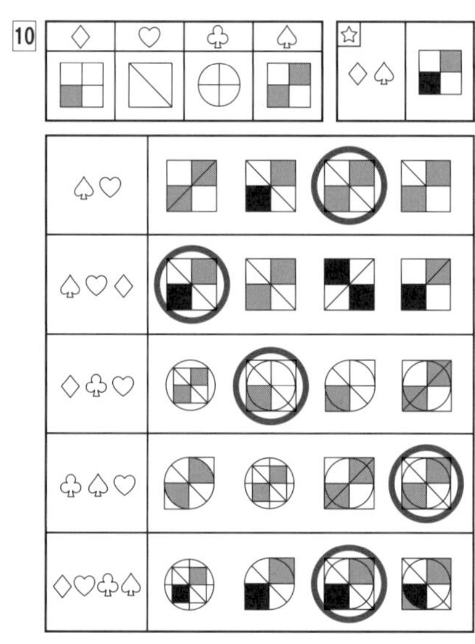

11

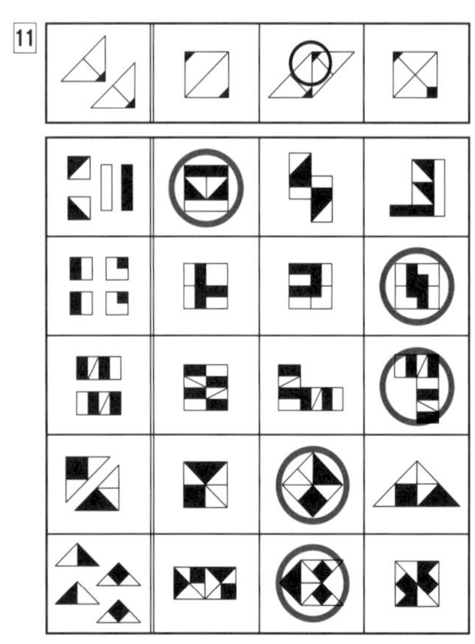

12

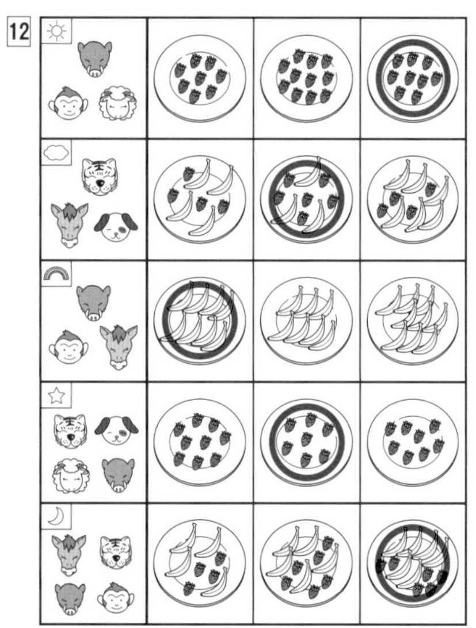

memo

memo

memo

memo

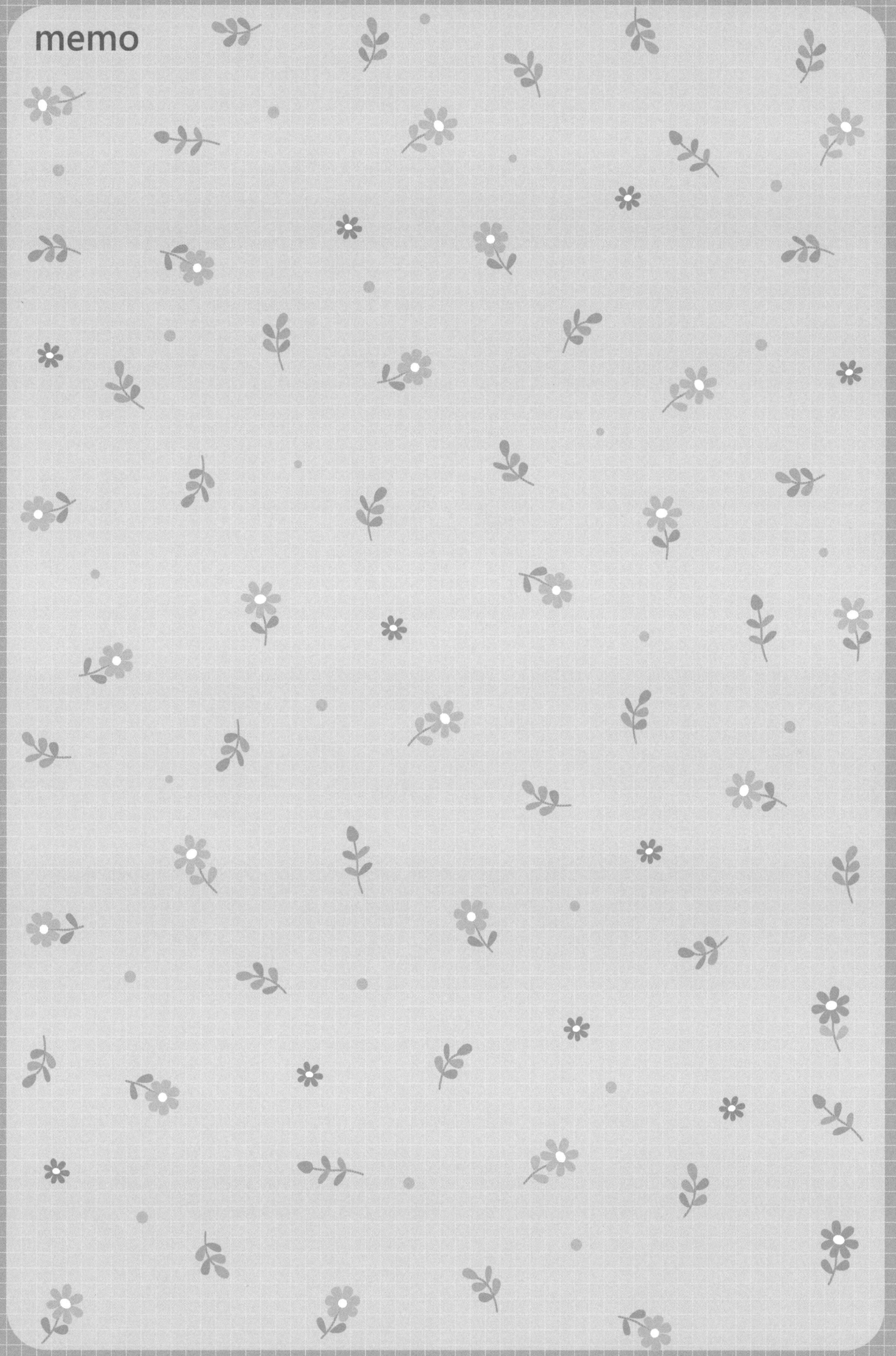
memo

Shinga-kai